ちくま学芸文庫

インドの思想

川崎信定

筑摩書房

まえがき

世界は今あらゆる面で激しい動きを見せています。悠久の国インドでも、例外ではありません。考え方の相違や、宗教の違いから厳しい対立が生まれ、争いが起きています。人類はその長い歴史のなかで、なにを積み上げ、これからなにに向かって進もうとしているのでしょうか。いまこそ地球全体という規模の観点に立って、人類の文明・文化を反省し、もう一度吟味しなければならない時期が到来しているといえます。

インドでは、「哲学」を「ダルシャナ（ものを見ること）」ということばで表現しています。そして主なものだけでも、「六ダルシャナ」や「十六ダルシャナ」とか、あるいは「六十二見《けん》」とか、数え上げてきました。厳密には、人間の数だけものの見方があり、その背後には、それぞれその見方をしている人のこころと行動があるということができます。長い歴史を持ち、多くの異なった民族からなり、異なった伝統文化を併存させる国インドでは、日本人には想像できないほど、人々の考え方の振幅も大きいのです。そしてそれだけにインドは、豊かな精神的伝統を持った国でもあるのです。

わたくしたちは、幅広くいろいろのものの見方に触れてみなければなりません。ある時にはそれらの共通するものに納得します。また別のある時にはその異質性に驚嘆することもあります。このようにして、わたくしたちの思考を柔軟にし、他者を理解できるこころを育てることが必要です。地球の将来を見通して考える視点も、こうした素直な姿勢のなかから生まれてくると考えます。

本書では、思想を示すことばを、原語の音になるべく忠実にカタカナで表記しています。読者に、インドでのものの考え方や概念に、発音からも触れていただくためです。強く関心を惹かれたことばについては、巻末の原語対照索引のローマ字表記を利用して、より深く研究してみてください。

一九九三年二月

川崎信定

目次

まえがき ………… 003

1 総論「インドの思想」 ………… 017

序論 017
ヒンドゥー（ヒンズー）教とは？
カレー
カースト
国と言語 023
「インド」という国名
ことばについて
外国人のインド理解――インド思想研究史概観 028

2　インダス文明とアーリア人のインド定住 …… 034
インダス文明　034
後代のインド文化への影響　036
ヨーガの原型　右肩の露出　タンク（浴池）　地母神
性器崇拝　樹木信仰　卍（まんじ）信仰　牡牛崇拝
さいころ
アーリア人　040
インド・ヨーロッパ（印欧）語の共通基語
ヴェーダ語と古代イラン語
アーリア人のインド定住
3　ヴェーダの思想 …… 045
自然神　046
ヴァルナ神とリタ（天則）　048
交替神教（カト・ヘノ・セイズム）　050
帰一思想　052
『リグ・ヴェーダ』の世界創造神話　053

世界創造を建造・鍛冶にたとえる神話
巨人解体神話（「プルシャ・スークタ」）
中性の唯一のものの分裂・増殖による世界開展
4 ウパニシャッドの思想……058
シャーンディリヤの教え 061
「タット・トヴァム・アシ（汝はそれである。）」 062
「ネーティ・ネーティ（しからず。しからず。）」 064
西欧思想界へのインパクト 066
5 唯物論・決定論・懐疑論——ブッダに先行する思想家たち……069
プーラナ・カッサパの無道徳論 070
パクダ・カッチャーヤナの要素集合説 071
マッカリ・ゴーサーラのアージーヴィカ教（運命決定論） 072
アジタ・ケーサカムバリンの唯物論（快楽主義） 073
サンジャヤ・ベーラティプッタの懐疑論 074
6 ジャイナ教の思想……077

世界を構成するもの　078
実践論　080
相対的価値観　081
アヒンサー（非傷害）の思想　082
7　ゴータマ・ブッダの仏教——初期仏教思想……085
ブッダの生涯（仏伝）　086
文献資料（三蔵）
初期仏教の思想的特徴　089
三法印と四諦の教え
初期仏教の世界観・存在論「五蘊」・「十二処」
ブッダの実践的態度　対機説法・無記・中道　096
8　アショーカ王の理想——人はなんの目的で生きるか？……100
チャトル・ヴァルガ（四目的）とアーシュラマ（四住期）説
アショーカ王の理想　100
人生の四大目的　102

実利――カウティリヤの『実利論（アルタ・シャーストラ）』
愛欲の追求――ヴァーツヤーヤナの『カーマ・スートラ』
ダルマ――『マヌ法典』
モークシャ（解脱）
アーシュラマ（四住期）説 108

9 叙事詩の世界（1）――『マハーバーラタ』…… 113
『バガヴァッド・ギーター』のバクティ思想
『マハーバーラタ』とは？ 113
あらすじ
『バガヴァッド・ギーター』のバクティ思想 119
バクティ（信愛）の道

10 叙事詩の世界（2）――『ラーマーヤナ』…… 125
最高神のアヴァターラ（化身）とクリシュナ伝説
『ラーマーヤナ』の世界 125
あらすじ

行為の典型・模範としてのラーマとシーター
最高神のアヴァターラ（化身）――クリシュナ伝説 130
インドの時代区分
クリシュナ伝説

11 大乗仏教の興起 …… 138

大乗仏教運動形成層の特徴 140
大乗仏教の教理的特徴 143
修行の期間とさとりの結果
慈悲・利他行による衆生済度（菩薩行の実践）
仏陀観（仏身論）の変遷
空の思想
他力・易行道
仏性・清浄法界・如来蔵
大乗仏教の系統 148
大乗仏教に対する批判――「大乗非仏説」論 150

12 哲学的思索の深化――サーンキヤ形而上学とヴァイシェーシカ自然哲学……153
正統ばらもん教の六派哲学 153
世界生成・因果関係についての三説
サーンキヤ学派の二元論 157
サーンキヤ思想の特徴 160
三要素説
精神と物質の峻別
ヴァイシェーシカ学派の原子論 162
13 論理学と言語分析――ニヤーヤ学派と仏教の論理学およびミーマーンサー学派の祭事哲学……168
ニヤーヤ学派の論理学 168
仏教論理学の展開 172
ミーマーンサー学派の祭事哲学 174

14 ヨーガの思想と実践……180
ヨーガ学派と古典ヨーガ 180
身体重視のヨーガ（ハタ・ヨーガ）――タントラ密教との共通性 187
さとりの境地と幻覚剤
15 ヴェーダーンタ思想とヒンドゥー教
――近代インド思想への架け橋……193
ヴェーダーンタ学派の一元論 193
アートマンの四状態
シャンカラのアドヴァイタ（不二一元）論
イスラーム教の移入と民衆ヒンドゥー教の台頭 198
インド社会・文化の変容
近代インドへの架け橋
むすび　インドをインド的にしているもの 204
サンスクリット化
参考文献……209

文庫版あとがき……217
原語対照索引……234

インドの思想

インド亜大陸

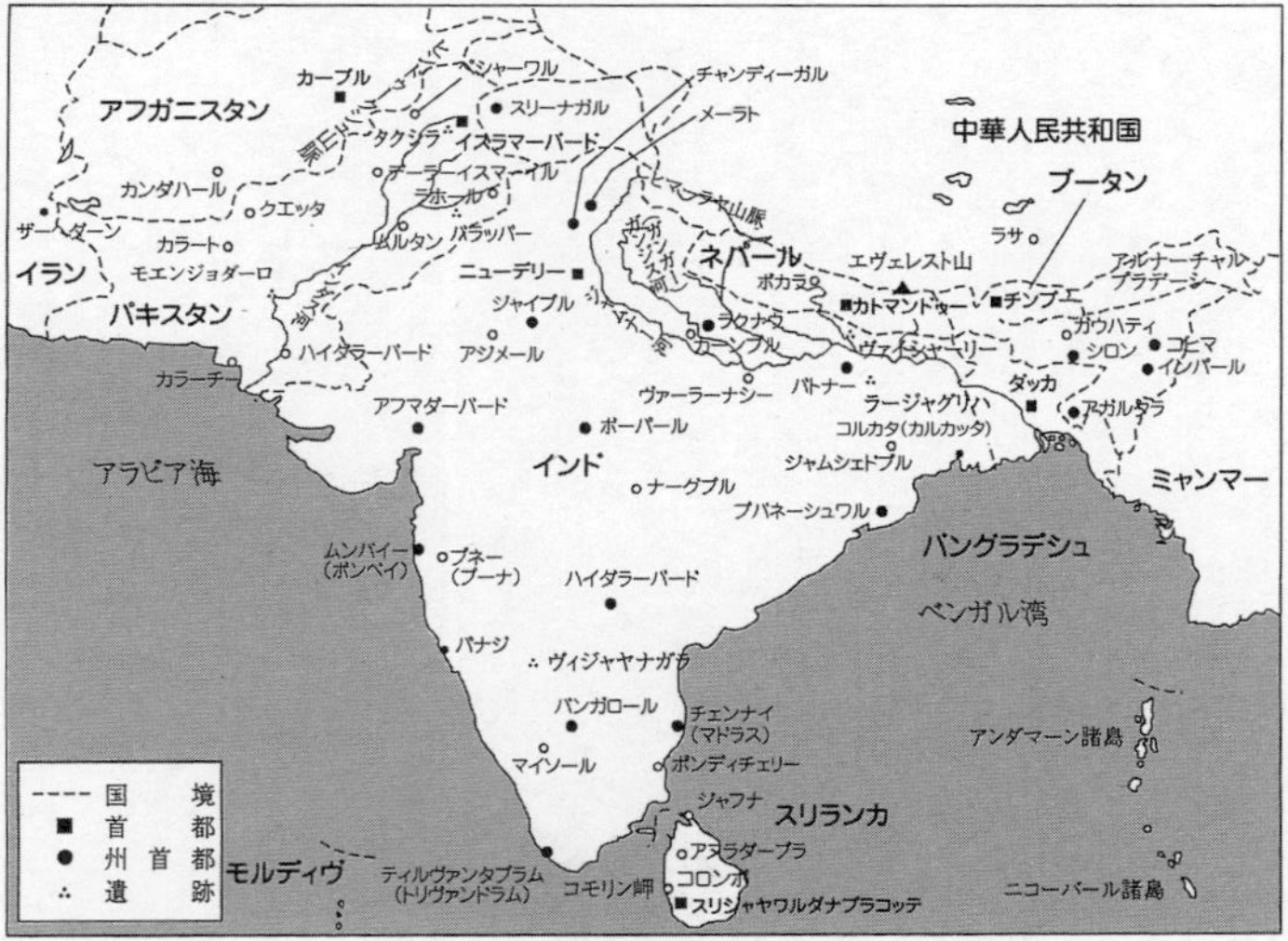

＊　前田專學『インド思想入門』(春秋社，2016年)を基に作成

1　総論「インドの思想」

序　論

インド的なものの考え方とはなにか。インドの思想が、現代のわれわれに語りかけるメッセージとはなにか。遠い国インドが、なぜいつもこのようにわれわれの心を揺さぶり、魅了するのだろうか。

本講義においては、以上のような問いを出発点に置いて、その解き明かしを目指している。

われわれの祖先たちは、インドを「天竺《てんぢく》」と呼び、釈尊が生まれ育った国として、地理的にも思想的にも、一つの極点、あるいは原点になるものと考えてきた。現代のわれわれもまた、インドを一つの国・単一のものとして考えがちである。しかし、現実のインドは、われわれの想像をはるかに超えるような地域的な広大さと、多種の民族、多種類の言語、多様な文化からなる巨大なコムプレックス（複合体）である。灼熱の炎暑の気候と思われているが、実際には、コートの襟を立てるような寒さもインドで経験される。まずカレーライスとかバナナやマンゴーの実が頭に浮かぶが、その食生活の実際の姿は、魚や米を常食とする人たちが多数存在するのも、インドである。インド的な多様性と複雑さの一例を示すために、歴史的に外国人が見聞きした事柄にもとづく言葉のいくつかを次に列挙してみよう。

ヒンドゥー（ヒンズー）教とは？

ヒンドゥーとはインドの大河インダスのサンスクリット語名「スィンドゥー」に由来する呼称である。漢訳では「身毒《しんどく》」・「印度」と訳され、玄奘《げんじよう》訳の「印度」が定着した。「スィンドゥー」がペルシャ語を経由することによって「ヒンドゥー」として西欧世界に伝えられ、また同じ語がギリシャ語を経由することによって「インド」として西欧世界に入り、それぞれから英語の Hindu, Hinduism および India, Indian が作られ、インドに逆輸入されることになった。

英語のHinduは、まずイスラーム教徒との対応において今日用いられるのが一般的である。すなわち、イスラーム教徒以外でキリスト教徒・シク教徒・パルシー教徒・ジャイナ教徒・仏教徒などのような小宗派（といっても一千万人以上、少なくても数百万人の信徒数を有するが）を除いた、インドで九億人を超えるようなマジョリティを占めるインド的な複数の有神教宗派の教徒の総称である。

しかしHinduismの意味と用法は、もっと広範で多義的である。この語によって、インドの哲学・宗教全体を示すばかりでなく、それとともに、インド人の社会制度も、生活習慣もあわせた、それらの総合、渾然と一体になった全体を表する用いられ方が、インド人によってもなされている。まさに「インド的ひとつの生き方」を意味している語である。したがって、この語のもっとも広い意味・用法においては、インドにあり、また、かつてあったもの一切が含まれ、インダス文明にまでさかのぼるものである。

それでも、一般的には、アーリア民族のインド定住以後そして現代にいたるまで連続して存するインド的伝統を指すとするのが一番に妥当であろう。このうち、仏教以前に存した宗教を「ばらもん教 Brahmanism」と呼ぶ。また特にヴェーダ時代の宗教思想を「Vedic Religion」と呼ぶこともある。ただし、これらの呼称は西欧において作られたものである。そしてこれは、わが国における、漢訳仏典のなかの「仏教」・「内道(ないどう)」に対応する「婆羅門教(ばらもんもん)」の用い方と対応しているといえる。「ヒンドゥー教」の狭い意味における用いられ方としては、仏教興隆以後発達して有力になったもの、とくに中世・近世以後のインドにおける大衆宗教運動としてのシヴァ教徒・ヴィシュヌ教徒などの有神的民衆宗教の側面を意識しての呼称である場合が多い。

カレー

十五世紀末に喜望峰まわりで南インドのゴアを訪れたポルトガル人は、現地人の食べているものを「カリ」または「カリル」と聞いて記録した。このことばが英語に取り入れられたものであろう。現地語では「料理されたもの」の総称、「そうざい（惣菜）」、または「ぐ（具）」とか「み（身）」に相当すると考えるのが妥当であろう。

カレー粉の正体は、ターメリック（鬱金《うこん》　生姜《しょうが》科の多年草の根茎）や、フェンネル（茴香《ういきょう》　漢方で風邪薬や健胃剤に用いる芹《せり》科の草の実）や、コエントロ（胡綏《こすい》　芹科の草の実）や、チリ（赤唐辛子の実）など、その他の種々の胡椒《こしょう》などの香辛料・木皮・草茎・葉・種実を乾燥させて石臼で粉にひいて混ぜ合わせたものである。家々の主婦によってその配合の塩梅は微妙に異なる。唐辛子の量が多ければ、それだけ辛くなる。きわめて日本的なものであるたくわん漬けの黄色染料に用いられるターメリックが、このきわめてインド的と考えられるカレーの内容を形づくっていることにも注目したい。要するにカレー粉とは、混ぜ合わせ、組み合わされた複合物であり、けっして単一の固定的な物品ではない。「インド人は毎日カレーを食べる。」とは、「日本人は毎日醬油で食べる。」というに似て、間違いではないが正確さを欠いた表現である。

カースト

やはりインドを訪れたポルトガル人が、現地の社会が多数の排他的な集団の成員から構成されているのを観察して、この集団構成の社会をポルトガル語で「カスタ（血、血統、家柄）」と呼んだことに由来する。その後に英語化されて、インドの階級制度をまず外国人が「カースト制度」と呼ぶようになった。

サンスクリット語では、皮膚の色を意味する「ヴァルナ」が、階級（種姓）・身分を表わす。ブラーフマナ（司祭・僧官階級）・クシャトリヤ（王族階級）・ヴァイシャ代の後期には成立していた。(庶民階級)・シュードラ(隷民階級)の有名な四姓制度《しせいせいど》(四ヴァルナ)は、ヴェーダ時代の後期には成立していた。

「ヴァルナ」と密接な関係にあり、ある面では重複するものとして、「ジャーティ(出生)」がある。インドの地域社会における実際の日常生活において、とくに職業の世襲や、集団内部のみの通婚、そして成員とのみ食卓を共にする共餐などの面において、強い規制力をもって機能している排他的な集団構成原理が、この「ジャーティ」である。各ジャーティは、不可触民《ふかしょくみん》のジャーティや外国人を除いては、すべてヴァルナの四階級のいずれかに属するとされる。このようなジャーティは今日インド全体で二千から三千に達するとされ、また一つの小村に二十以上のジャーティの種類の存在が知られるなど、インドの人たちの日常の行動を細部にわたって複雑に規制するものである。さらに、主として婚姻に関する集団構成原理として、大きなジャーティの場合には、その内部に族内婚を求める複数のサブ・カーストが存在し、また父母両系統で近親の通婚を禁ずるサピンダの規定とか、さらにはゴートラやプラヴァラという、特定の伝説的祖先(リシ　聖仙《せいせん》)に由来する家系別によって、複雑に婚姻が規制されている。

「カースト制度」という呼び名は、以上のヴァルナおよびジャーティを包摂した、インドの社会階層制のダイナミズム全体を大摑みにするのに便利であって、かつ、ヴァルナとか、ジャーティとかの個々の呼び名によっては見逃される本質的問題提起をなすものとして、インド人自身も採用するにいたっている。

「インド社会はカーストによって構成されている。」というのも、カレーの場合と同様の曖昧さと正しさを併せ持った表現である。

国と言語

「インド」という国名

「インド」という国名も、上述のスィンドゥーというサンスクリット語の河名に基づいて、日本の「ジパング」と同様に外国人によって命名されたものである。インド人はみずからの連邦国家を「バーラタ」と呼ぶ。しかし、インド人にとってはコミュナル(地域・民族・宗教・社会集団的)な意識がナショナル(国家的)な意識に優先する場合が圧倒的に多いようである。各地方の持つ民族的・言語的・文化的相違とその多様性・独自性の主張は、一つの国家としての統一意識を超えて存在する。代表的なものは、北インドと南インドのあいだに見られる対立と抗争で、アーリア民族系と先住のドラヴィダ民族系に遡る民族のあいだの対立に由来すると考えられている。これは、例えばヒンディー語の「国語」採用問題などのように、連邦共和国が一国家としての行動を起こそうとする際に鮮明に問題化する。(ただし、後述するサンスクリット語の文化伝統や、ばらもん教の宗教・哲学伝統が、ドラヴィダ語系のことばを話す南インドにおいて、熱心に研究保持されていることなど、民族・言語の相違に淵源するだけとしてしまっては、説明できない問題もある。)

地方規模においても、ベンガル地方はベンガル文化の独自性を主張し、マラータ人はかつてのムガル帝国勢力に対して勇敢に戦ったマラータの栄光をなによりも誇りとする。パーンジャーブ出身者は自分の地方の、その他に優る豊かさを語り、ベナーレス生まれは、宗教文化の中心地の出身であることを誇示して他に譲ることがない。問題は、単なる地方性ということを越えて、想像を絶する規模の、多数の異民族・異文化・異伝統の一国内における並存・対立である。加えて、北部山岳地帯における少数民族の存在は、「マイノリティ」といいながら、多種・多岐にわたり、総数は膨大な人数にのぼり、複雑な問題をはらんでいる。

歴史的にインド人がインド亜大陸を自分たちの統一国家として意識するのは、むしろ、近代になっての外国人による帝国主義支配、パキスタン分離独立、あるいは中国との国境紛争といった、外在的要因によって刺激されての場合が多かった。

ことばについて

インドで現在実際に使用されている言語は、七百五十あるともいわれ、また一説にはインドでは十八キロメートルごとに異なった言語が話される地域に入るともいわれるほどに、多種多様である。百万人以上の話者人口をもつ言語が三十三を数え、一千万人以上の話者人口をもつ言語も十三と多い。しかもこれらの各言語の間の相違は、方言の差異ではなく、われわれ日本人の感覚からすれば、まったく異なる国語であるとも判断したくなるほどの大きな差異が存する。「インド連邦憲法」の附則では十五の言語を「とくに発展・普及させるべき」公用語として掲げる。このうちのヒンディー語の話者人口は西暦二〇一〇年統計で三億一千万人を数えるが、全人口十二億余に比すれば、これとても圧倒的に優勢な言語とはいえない。また、南インドで話されているタミール語・カンナーダ語・テルグ語などはドラヴィダ語系の言語であって、ヒンディー語・マラーティー語・ベンガーリー語などのアーリア語系のものとはまったく言語系統（語族）を異にしていて、根幹からともいえるほどに差異が大きい。

この附則の最後に掲げられるサンスクリット語は、話者人口はわずか二千五百人と少ないが、インドの思想形成と維持に大きな影響力を持ち続けている重要な言語である。

サンスクリット語は「梵語《ぼんご》」と漢訳仏教文献において翻訳され、梵天《ぼんてん》（ブラフマー）という神によって人間に与えられた天賦の言語として尊崇された。このような伝説はさておき、サンスクリット語は、言語の系統としては、インド・ヨーロッパ語族（印欧語族）のインド・イラン語に分類される。その起源は、西暦紀元前一五〇〇年ころからインドに移住してきたと想定されているアーリア民族の言語に求められる。名称は「サンスクリタム（洗練され、完成された言語）」に由来する英語の形である。とくに紀元前四世紀ころに天才的文法学者パーニニに代表される文典学派によって文法の規則が厳密に規定され、これに則って正しく使用された標準語・雅語は「古典サンスクリット語」として、教養語としての高い地位が与えられた。この文法的に固定化された言語を正しく学習して、自由に駆使できることが、ばらもん（婆羅門　ブラーフマナ）階級を頂点とする、古代古典期以後のインドの知識人の必須の学問教養とされていた。

古代インドに多種存在した俗語・方言の類は、文典家によって「プラークリット語」と呼ばれて、サンスクリット語とは峻別された。仏教の開祖ゴータマ・ブッダの用いた言語もこのような民間俗語プラークリット語（中期インド・アーリア諸語）の一種であったろうと推測される。スリランカなどに現存する南方仏教の聖典パーリ文献はブッダの教えの古い段階を比較的忠実に伝承するものとして貴重であるが、その使用言語であるパーリ語（巴利語）もプラークリット語の一種である。はじめはこのような俗語を用いてその活動を行なっていた仏教徒も、やがて自分たちの聖典語としてサンスクリット語を採用するようになった。紀元後二世紀のアシュヴァゴーシャ（馬鳴《めみよう》）のようにインドの詩作の模範とされるような純粋古典サンスクリット語で優れた作品を著わす仏教詩人も出現した。そして、四世紀以後になると、サンスクリット語は公用語として公文書に用いられ、哲学・宗教の文献もこの言語で著わされるのが一般化した。仏教徒も、教域の拡大と社会的認知度の進展に応じて、すすんでサンスクリット語を用いるようになっている。これは、ジャイナ教などの他の教派においても同様であった。

サンスクリット語は、現代インドで使用されている各言語のなかにも取り入れられ、重要な語彙や概念形成語として働いている場合が多い。ベンガーリー語などにおいては、その語彙の半数以上がサンスクリット語形の崩れた継承であったり、あるいはサンスクリット語から意味内容の類推が可能であるといわれるほどである。

本講義においては、重要な固有名詞・術語などは、原語にできるだけ忠実にカタカナ表記をして、巻末の索引にカタカナ表記と原語のローマ字対照記載を付して、将来の研究の便に役立てようとした。

外国人のインド理解――インド思想研究史概観

㈠われわれは、インドについての知識を、まず仏教を求めてインドに困難な旅をした入竺僧《にゅうちくそう》の記録から得ている。法顕《ほっけん》（出発三九九―四一二帰国　※数字は西暦年を記す。以下も同様）の『法顕伝《ほっけんでん》』、玄奘《げんじょう》（出発六二九―六四五帰国）の『大唐西域記《だいとうさいいきき》』、義浄《ぎじょう》

（出発六七一―六九五帰国）の『南海寄帰内法伝《なんかいききないほうでん》』などが代表的なものである。(1)

㈡西欧において早くから重視されていた資料に、メガステネースの『タ・インディカ（インド誌）』がある。シリヤ王のセレウコス・ニーカトールは、西暦紀元前三〇五年にインドに侵入する。その後にマウリヤ王朝のチャンドラグプタ王との和議が成立して、メガステネースはギリシャ側の使者として、西暦紀元前三〇四―二九二年ころマウリヤ王朝の首都パータリプトラに滞在し、インド国内を旅行して、故国に帰ってからその見聞を四巻の本にして著わした。原本は散逸したが、後世の諸書に引用があって、その内容を知ることができる。紀元後一世紀のアポローニオスの『インド旅行記』とあわせて、西欧によく知られている古代インドに関する書物である。

㈢パーリ語仏典のなかに『ミリンダ王の問い』が現存する。これは、ギリシャ人のミリンダ王（メナンドロス）が、仏教僧のナーガセーナ（那先比丘《なせんびく》）と対談して、仏教教理に関して質問を発し、教えを受けたという対話記録である。西暦紀元前一六〇年ころ実際にあった事件にもとづくものと考えられるが、ギリシャ的教養を身に着けた王が、合理的な発想のもとに、仏教の無我《むが》・業《ごう》・輪廻《りんね》などの教理について、質問を繰り返す内容は東西の思惟方法の相違を示す実例として興味深い。東晋《とうしん》時代（三一七―

四二〇）に漢訳されて現存する（『那先比丘経《なせんびくきょう》』）。

㈣ガズニー王朝のスルタン・マフムードのインド侵攻の際に随行したアル・ビールーニー（九七三―一〇四八）の『キターブ・アル・ヒンドゥー（インド書）』は、法典やギーター・ヨーガ・サーンキヤなどの思想書を引用し、また天文学・暦学・数学についての当時のインド人の知識を正確に伝えるなど、きわめて貴重である。

㈤一四九八年に喜望峰まわりでインドに到着したヴァスコ・ダ・ガマ以後、大航海時代に入って、西欧におけるインドに関する関心と知識は、征服と香辛料の入手が動機であったにしても、飛躍的に増大する。イタリアのロベルト・ノビリ（一五七七―一六五六）に代表されるジェスイット会宣教師たちのもたらした情報知識もすばらしいものであった。

㈥啓蒙主義時代そしてエンシクロペディスト（百科全書派）の時代に、ペルシャ語訳を通じてウパニシャッドの知識は西欧に伝わり、やがてアンケチル・デュペロンによるラテン語訳が生まれ、ヨーロッパの知識人のあいだで読まれる。

㈦ウィリアム・ジョーンズ（一七四六―一七九四）は、イギリスのインド経営の尖兵として、カルカッタに在留して、この間にベンガル王立協会を設立し（一七八四）、サンスクリット語に関心を寄せて、『シャクンタラー姫』（一七八九）・『マヌ法典』（一七九六）を英訳する。

(八)遠くの星に対してあこがれを寄せるように、ドイツ・ロマン主義の作家・学者たちのあいだで、ウパニシャッドのラテン語訳、ジョーンズの英訳、ウィルキンスの『バガヴァッド・ギーター』英訳（一七八五）・『ヒトーパデーシャ』英訳（一七八七）が読まれ、インドへの関心が高まる。ゲーテ（一七四九―一八三二）、シラー（一七五九―一八〇五）、ワーグナー（一八一三―一八八三）、シュレーゲル兄弟（兄一七六七―一八四五、弟一七七二―一八二九）、ヘーゲル（一七七〇―一八三一）、シェリング（一七七五―一八五四）、フンボルト（一七六七―一八三五）、グリム兄弟（兄一七八五―一八六三、弟一七八六―一八五九）、ショウペンハウエル（一七八八―一八六〇）などが、文学・言語・哲学の各分野においてインドに関する知識を専門的に深化させ、影響を受けている。ショウペンハウエルの思想的後継者を自任するパウル・ドイッセン（一八四五―一九一九）にいたって、原語を用いてのインド思想の文献学的研究の端緒が開かれる。F・マクス・ミューラー（一八二三―一九〇〇）はこの系列に連なるとともに、かつビュルヌーフのフランス系の仏教学の伝統も受け継いでいる。

㈨オクスフォード大学でマクス・ミューラー教授に一八七九年から師事してサンスクリット語の学習を開始したのが南条文雄《なんじょうぶんゆう》(2)（一八四九―一九二七）であり、つづいて笠原研寿《かさはらけんじゅ》(3)（一八五二―一八八三）であった。笠原は帰途、病をおして約半カ月間セイロンの仏蹟を踏査している。その後に一八九〇年には高楠順次郎《たかくすじゅんじろう》(4)（一八六六―一九四五）が師事している。これによって、それまで聖徳太子《しょうとくたいし》以来の仏教研究の一環として寺院で漢訳の経論を通じて行なわれてきたインド思想の研究が、サンスクリット語を中心とした原典にもとづき、現地調査を併せての近代学問研究の一分野として出発した。

以上に概観したように、「インドの思想」研究はきわめて古く始まり、かつ新しく将来の大きな発展が期待される学問分野である。

注

（1）漢訳の原典資料としては、以下の出版テキストを参照してください。
『法顕伝』、『大正新脩大蔵経』第五十一巻、八五七―八六六頁

『大唐西域記』、『大正新脩大蔵経』第五十一巻、八六七―九四七頁
『南海寄帰内法伝』、『大正新脩大蔵経』第五十四巻、二〇四―二三四頁

（2）明治時代初期の梵語学者。著書『懐旧録――サンスクリット事始め』（平凡社・東洋文庫、一九七九）は、自伝であるにとどまらず、当時の研究状況を伝える貴重な資料である。オクスフォード大学でマクス・ミューラー教授の指導を受け、留学中に漢訳大蔵経の目録（*A Catalogue of the Chinese Translation of the Buddhist Tripitaka*, Ox-ford, 1883）を刊行し、その後も梵文の「大無量寿経」・「阿弥陀経」・「法華経」・「入楞伽経」など、多くの研究成果を成し遂げた。

（3）同僚の笠原研寿も、南条文雄と共にオクスフォード大学でマクス・ミューラー教授の指導を受けたが、スリランカ経由にて帰国後に、間もなく罹病してしまい、熱海にて療養、三十一歳の若さで逝去した。

（4）広島県安芸生まれの仏教学者。マクス・ミューラー教授に師事してサンスクリット語・インド学を学び、帰国後、東京帝国大学教授となって、日本の近代仏教学形成に大きな寄与をした。『大正新脩大蔵経』・『ウパニシャッド全書』などの編集事業に深く関わり指導を行なった功績は極めて大である。

2　インダス文明とアーリア人のインド定住（1）

インダス文明

ヒマーラヤ山塊以南のインド亜大陸に人類が棲息を開始した時代は古くに遡る。旧石器時代遺跡など有史以前からの遺跡が各地に散在するが、人類の文明史の上に大きな一時期を画したものは、なんといってもインダス河流域の広範な地域に発達したインダス文明である。

このような遺跡の存在は一八五六年鉄道建設工事中のイギリス人技師によって発見され、一九二一年以降に本格的な発掘調査が開始された。（シンドゥー語で「死者の丘」を意味する）モエンジョダーロと、これから北東に約六百キロ離れたハラッパーを二大中心地として、西暦紀元前二三〇〇－一八〇〇年ごろに発達したと考えられる、高度の都市文明である。その後の調査で東限はデリー近郊、北限はチャンディガル北方、西限はイラン国境にまで達する広大な地域に多数の遺跡が散在分布していることが判明した。この文明とシュメール文明との類似点が早くから指摘されており、またその使用した言語についても、多数の印章や銅牌に残された象形文字の数は三百九十六とされ、研究が進められているが、まだ解読にいたっていない。この文明の担い手について、現在南インドに居住するドラヴィダ族の祖先であったとする説が最近では有力といえるが、これも依然推測の域を出ていない。

発見された印章の象形文字は同一の様式に統一されている。また諸都市の道路が直線的で約九メートル幅である。縦・横・厚みの比が一定した規格のもとに窯で大量に焼いた煉瓦が普及して一般の建物に用いられている。井戸や下水溝などの給排水設備があり、水洗便所と考えられる設備などが存在する。以上の事実から、これらの遺跡群が散在する広範な地域の諸都市が統一的な支配を受けて中央集権化されていたことが想像される。

近年上流で水位調整のための堰堤《えんてい》工事が行なわれたためか、これらの遺跡付近の地下水位が上昇し、毛細管現象によって水と一緒に上に吸い上げられた地中の塩が地表の乾燥と照りつける炎熱によって水だけ蒸発したあとに地表に雪原のように膨大な量となって堆積している。関係者の遺跡保存に対する懸命な努力にもかかわらず、この塩害による遺跡破壊の急速な進行が気遣われる現状である。

最近の炭素同位元素測定の結果では西暦紀元前一七五〇年ごろまでにこの地の文明が途絶したことが知られる。ただし、このインダス文明の衰亡が、塩害とか、乾燥化や洪水などの自然環境の急激な変容によるものか、あるいは騎馬民族など外敵の侵入征服による破壊か、またはその他の原因によるものか、現在の段階では解明されない謎として不明のままの状況である。

後代のインド文化への影響

インダス文明の出土品を見ると、この文明が一見消滅したように見えるが、その後のヒンドゥー文化のなかに大きな影響を与え、かつ現代のインドにまで強い伝統の余波を持ち続けてきたことを歴然と読み取ることができる。

ヨーガの原型

モエンジョダーロから出土した印章に見られる座像の三個に、後代のヒンドゥー教で最高神とされるシヴァ神がヨーガ禅定の姿勢を採っていると考えられるものがある。像の上部には象と虎、犀と水牛が配置され、下部には羚羊《かもしか》と山羊が描かれており、これは、パシュパティ（獣主《じゅうしゅ》）神としてのシヴァの姿であると、学者は推定する。われわれがもっともインド的と考えるヨーガも、アーリア人のインド定住以前のインダス文明の方に起源を見出すことができるのかもしれない。

右肩の露出

ショールで左肩を包み、右肩を露出した男性像が発見されている。これは仏教僧が釈尊など尊敬すべき人に対して尊崇の態度を示す袈裟《けさ》のかけ方に「偏袒右肩《へんだんうけん》(2)　右膝着地《うひつちゃくち》　合掌向仏《がっしょうこうぶつ》」という礼儀がインドにあることと一致する。

タンク（浴池《よくち》）

現在のヒンドゥー教寺院には、方形のタンク（浴池）が付設されてあり、ここで沐浴することが衛生目的ではなく、宗教的罪の洗い清めの目的をもって行なわれている。人工的な浴池の設置とそこでの沐浴という、水の浄化性に対する信仰とそれにもとづくインド的習俗はインダス文明に起源するものとも考えられる。

地母神《ちぼしん》

テラコッタの女性像が多数インダス文明に出土していることは、後世インドで発達し、現代にいたるまで盛んな母なる大地——地母神——の信仰と直ちに結びつけることはできないにしても、思考方向の同一性を読み取ることができる。

性器崇拝

インダス文明の遺跡からおびただしい数量で出土しているリンガ（男性性器）・ヨーニ（女性性器）と同一形態のものを御神体とする信仰も、現在のヒンドゥー教においてさかんに見られる。ただ後述するように、アーリア人は、性器崇拝をするものたちを「ダスユ（悪魔）」として、むしろ、これに敵対したことが『リグ・ヴェーダ』に記されていることも記憶しておくべきであろう。

樹木信仰

樹木の崇拝は現在のヒンドゥー教においても顕著に見られる。インダス文明の出土土器には、ピッパラ（菩提樹）を表わすとみられる文様が多く存在する。

卍（まんじ）信仰

スヴァスティカ（まんじ）は、仏教・ジャイナ教・ヒンドゥー教で、その鉤型の向きは異なるにしても、いずれも吉祥の象徴として流布し、重要視されてきた。インダス文明出土の銅板や印章にも刻されて、このしるしは多数発見されている。

牡牛崇拝

インダス文明には、こぶのある牡牛の像が印章にしばしば刻され、テラコッタ像も多数出土している。牛に対する崇拝は、インドにおいてシヴァ神信仰とともに顕著である。ただし、現在のヒンドゥー教において崇拝されるのは牝牛である。

さいころ

アーリア人が賭博にはヴィビーダカの木の実を用いたことが『リグ・ヴェーダ』の叙述から知られている。他方、インダス文明出土の正六方体の骰子《さいころ》と同一様式のものが、『マハーバーラタ』・『ラーマーヤナ』の叙事詩に登場する賭博の場面ではさかんに用いられている。

以上の諸例をもって、これらがインダス文明のみからただちに後のインド文化に伝承されたとすることはできない。後のインド文化が、インダス文明以外の源から、これらの知恵を継承したことも、また独自の発想のもとに作り上げた可能性も十分に考えられる。が、いずれにしても、インダス文明が消滅して無となったのではなく、その文化要素は形を変えつつ後のインド文化の基盤となり、継承されていると見られる点も多く存在することは指摘できるといえよう。

アーリア人

古代のインダス河流域に高度の都市文化を形成したインダス文明の担い手と、その後になって西暦紀元前一五〇〇—一二〇〇年ころにかけて何回かにわたってインドに進入して、この地に定住を開始したアーリア人とのあいだには、民族的にも文化面でも連続性はなく、時期的にもまた地域的にも両者の直接のかかわりがあった可能性は少ないと考えられる。

アーリア人がどこから移住を開始したのか、その原住地はいまだに不明である。東ヨーロッパ説、ロシア説、インド・イラン説など、学者の原住地推定は多岐に分かれ、ユーラシア大陸の広域にわたり、コーカサス地方の北方域説が有力とみられるが、いずれも推測の域を出ていない。

インド・ヨーロッパ（印欧）語の共通基語

一七八六年のカルカッタのアジア協会でのウィリアム・ジョーンズの講演は、比較言語学におけるインド・ヨーロッパ（印欧）語族の形成とその研究の端緒を開いた。この語族の根源に共通基語としてのプロト・インド・ヨーロッパ語が存在したと想定し、これを理論的に復元し、または再構成しようとする作業は今日まで続けられている。ジョーンズの直感的指摘に促されて以来、以後二百年間に近代の比較言語学における多くの成果と知見が生まれた。また、これらの知見を考古・人類学や歴史学の成果と併せて、アーリア人の原住地や、かれらの生活形態を探ろうとする試みもなされてきた。その一方では、このように紀元前三千年紀に一つの共通基語《きご》・祖語《そご》の存在を仮説的に措定《そてい》し、理論的に再構成することや、また原アーリア民族の存在とその移動を措定しようとすることには、その方法論の有効性に対して、それが文献を持たず、確認の手段となる遺品も存在しないだけに、疑問が投げかけられてきた。「アーリア神話」であるとして、そこに学問以前の意図的・政治的なものをここに読み取ろうとまでする批判的主張もなされてきている。たしかに、言語・文化面における共通性をもって、人種や民族移動の歴史的事実にまでただちに発展させ、安易に直結させることは、かつてのナチズムにおいて説かれた「アーリア人種の優越性」の主張と同じ轍《てつ》を踏む危険性をはらんでいる。

ヴェーダ語と古代イラン語

しかし、アーリア人の原住地がどこであれ、後に「インド・アーリアン」の名で呼ばれる人たちが紀元前一五〇〇年から一二〇〇年ころにかけて何回かに東部イランから、カーブル河の渓谷を経由してアフガニスタンからヒンドゥークシュ山脈を越えてインドのパンジャーブ地方に進入したことは、『リグ・ヴェーダ』のヴェーダ語と、ゾロアスター教の聖典『アヴェスター』の古い偈頌《げじゅ》の部分の古代イラン語の比較研究、および両者に現われる神話・祭祀に関する名称・術語の共通要素の研究から、確実とされる。インドに進入したアーリア人と古代イラン人とは、かつて宗教を共有していた。そして『リグ・ヴェーダ』の宗教は、このインド系のアーリア人がインドのパンジャーブ地方に進入し、定住を開始する以前にすでにかなりの部分が成立していたであろうことが、両聖典と言語の比較検討から知られるのである。

アーリア人のインド定住

アーリア民族が進入した地域には先住民族が農耕を営み、村落を形成し、その文化的伝統を保持していたものであろう。『リグ・ヴェーダ』の告げるところでは、かれら先住者は「肌が黒色」であり、「鼻が低く」、「吃音《きつおん》に聞こえる言語を話し」、「性器崇拝」を行ない、「別の宗教を信仰」していた。これに対して騎馬民族であり、より優れた武器を持ったアーリア人は、かれら先住の「ダスユ（悪魔）」を武力で打ち破り、かれらの城砦を破壊し、ダムを壊して洪水を起こし、かれらを奴隷にしたという。アーリア人自身の記録である『リグ・ヴェーダ』が、アーリア人の一方的征服と先住文化の一掃の記述のみに終始するのは当然であるが、このようなアーリア人のインド進出の過程の裏面では、アーリア人側の遊牧・牧畜から定住・農耕社会への変容、先住民族との混血、アーリアン文化と先住文化との混淆・多様重層化が進行したことが容易に推察できるのである。

注

（1）本章の読解に役立つ著書としては、先ず以下の二書の講読を勧めたい。
辻直四郎『インダス文明の曙――ヴェーダとウパニシャッド』（岩波新書、一九五七年）
風間喜代三『印欧語の故郷を探る』（岩波新書、一九九三年）

（2）仏教で、敬意を表する時に、尊崇の態度を示す袈裟のかけ方として、「右肩を露わにして、左肩のみを着衣で覆う」作法が、日本の仏教僧尼にも『十誦律』・『無量寿経』の誦出を通じて知られ、実行されてきた。

3　ヴェーダの思想(1)

西暦紀元前一五〇〇年ころからヒンドゥークシュ山脈を越えてインドのパンジャーブ地方に進入してこの地域に定住をはじめたアーリア人は、この時期すでにヴェーダの古い部分の多くの知識を持っていたと推測される。

ヴェーダとは、「知る」という意味のサンスクリット語に由来して、宗教的知識を意味し、さらには、その知識を集成した聖典の総称となっている。『リグ・ヴェーダ』、『サーマ・ヴェーダ』、『ヤジュル・ヴェーダ』が古来「三ヴェーダ」と呼ばれ、祭式に参与する祭官の職分に応じてそれぞれ異なった祭官に所属区分されている。その後に、呪法に関する記載を載せる『アタルヴァ・ヴェーダ』が加えられて、第四番目のヴェーダに数えられた。これらのなかでも、『リグ・ヴェーダ』は、その主要な讃歌の成立が西暦紀元前一〇〇〇年ごろまで遡るとされ、インド・ヨーロッパ語族に属する最古の文献の一つであり、またインド・アーリアン最古の文献であって、今日まで主として暗記暗唱によって伝えられ、ばらもん教における最高の権威ある宗教文献として尊崇されてきている。全十巻からなる、総数一〇一七、補遺十一のリチュ（讃歌）の集成である。

讃歌の内容は、戦勝・戦利品の獲得、妻の取得、子孫の繁栄、家畜の増殖、降雨と豊かな収穫、健康増進、長寿、息災安穏などと多岐にわたり、これらきわめて現実的な願望に基づいて、神々の恵みにあずかり、幸せを確保するため、ヴェーダ時代のインド人は、各家庭の祭火に供物を献げ、また王たちは国をあげて大規模な戦勝祈願や世継ぎ誕生のための祭祀を催した。

ヴェーダは人間の手によって作られたものではなく、神々の啓示であり、リシ（聖仙）がその神秘的な霊感能力によって感得したものと考えられている。インドではこのような啓示文献を「シュルティ（天啓文学）」と総称して、聖者や賢者たち人間の叙述である「スムリティ（聖伝文学）」とは区別を設けている。

自然神

『リグ・ヴェーダ』に登場する神々の多くは、自然界の構成要素やその諸現象、あるいはその背後に存在していると考えられる神秘的な力を神格化して崇拝の対象とした、自然神である。神々は一般に天上界に住むとも、天・空・地の三界に住むともされ、また水中に棲むとされる神も存在した。天神ディヤウス、太陽神スーリヤ、暁紅神《ぎようこうしん》ウシャス、風神ヴァーユ、雷霆《らいてい》神インドラ、暴風神ルドラ、雨神パルジャニヤ、地神プリティヴィー、河神シンドゥー、聖河サラスヴァティーなどの神々に捧げられた讃歌には、自然現象の背後にひそむ威力に対する、古代インド人のおそれ・畏敬の念をうかがうことが容易である。これらの神名は擬人化されて神として尊崇されると同時に、普通名詞として自然界の存在物を指す単語としても用いられた。たとえばアグニの語は火神を指すとともに、炉にあかあかと燃える薪の火を意味した。ヴァーユの語は風神を表わすとともに、空を渡り、木々の梢を揺する風を意味した。ただし、神話が発達するにつれて、もともと自然現象に基づいて想定された神々の性格や本源があいまいになり、自然現象との関連が希薄化することも生じた。たとえば、インドラは元来いかづちの神であり、雨を降らし、水を与える、暴虐であるとともに自然の恵みを授ける神であった。かれは赤い髪と髭をもち、二頭の赤い色の馬が牽引する戦車に乗る。

かれの武器は稲妻の光を放つ金剛杵である。かれが悪龍ヴリトラを退治して、この悪龍が占有していた水をこの世にもたらす場面は、『古事記』に記される素戔嗚尊《すさのおのみこと》のやまたのおろち退治を彷彿させる。『リグ・ヴェーダ』のほぼ四分の一に相当する二百五十の讃歌がこの神に捧げられているほどに、人気の高い神であった。このインドラ神もその武勇ゆえに、だんだんに自然現象の神格化された神というよりも、武勇神・アーリア人の守護神としての性格が次第に強く意識されるようになる。

自然神のほかに、祭りに用いられる器具・ことば・特殊な職能や抽象的概念なども、それぞれのもつ霊力のゆえに神格化された。神酒ソーマ、誓約ミトラ、信仰シュラッダー、祈禱主神ブリハスパティ、ことばヴァーチュ、造作者トヴァシュトリ、生類主プラジャーパティなどが、この例である。

ヴァルナ神とリタ（天則《てんそく》）

ヴァルナ神は、もともとが水に関係のある神とも、天空の神ともされ、太陽を眼として遠くを見渡し、黄金の外套をまとうとされていた。しかし、この神に関しては擬人化や固有の神話は発達しなかった。その外観とか具体性よりも、この神の人倫・宇宙の秩序の保持者としての性格が強調されて、道徳神や律法神として重要視されるにいたった。ヴァルナ神が維持し守る秩序・規範はリタ（天則《てんそく》）と呼ばれた。

自然界には、昼夜の別・循環、寒暑、歳月、四季の変遷などなどと、時をたがえずに変化しながらもとに戻る不変の規則・秩序がある。太陽は東にのぼり、河川は川上から下へと馳せ下る。黒い乳牛から真っ白な乳がもたらされて子供たちを養うのも、秋の田畑のみのりも、すべて天則の支配するところであり、天則の顕現した結果にほかならない。天則は人間界に発現するとき、人・家・社会を律する道徳律となり、真実にして善良な人と人の関係の基礎をなすものとなる。天の則は、人の則でもある。リタ（天則）は、一つ一つの事象を超越し、あるいはこれらの奥に内在して支配する普遍者——規範・理法——の存在に対するヴェーダ時代のインド人の自覚の表明ということができる。

ヴァルナ神は、このリタ（天則）を保持するものであるがゆえに、道徳神・司法神として人間の行為そして社会の動きに深く関わる。人間はヴァルナ神に気づかれずにまたたき一つすることができない。この神の峻厳さと懲罰のまえに人々は恐れおののき、ただひたすらにこの神の許しを乞い願う。さらに祭りの場で祭壇の炉の聖火があかあかと燃えるのも、またこの炉火に投げ入れられた供物の品々が天の神々にまで届けられるのも、すべて天則に則《のっと》ってである。リタ（天則）は自然界や人間界ばかりでなく、神々の行動をも律するにいたる。そしてヴァルナ神は、このリタ（天則）を保持するものであるがゆえに、神々に君臨する。ヴァルナ神が天則に則って天と地を分けてその場所にあらしめ、天空に太陽を光あらしめている。

交替神教《こうたいしんぎょう》（カト・ヘノ・セイズム）(2)

このように述べると、ヴェーダ時代の神々は、峻厳な律法神ヴァルナを頂点とするヒエラルキーを構成していると理解されるおそれがあるが、三十三とも、三千三百三十九とも数えられる多数の自然神が自由に活動する多神教の世界であり、全般的には古代特有の楽天的雰囲気が支配的であった。これらの多数の神々にはそれぞれに自分特有の活動範囲があって、それぞれの神は自分の主宰する領域に関するかぎり最高の権威として認められ、他の神々の侵犯を許すことがなかった。神々の間には相互の格付けや、等級の差別なく、捧げられた讃歌の数の多少から古代ヴェーダ時代の人々の間でのそれぞれの神のもてはやされ方の多寡・大小が推測できるにすぎない。たとえば、アグニ（火天《かてん》）を招請して、火の祭りを執行し、アグニの裁量に基づく事柄を祈願する場合には、その当座はアグニが最高神であり、祈願主の心を占めるすべてであり、他の神々が顧慮されることはなかった。といって、これは他の神々を軽んじ、ないがしろにする意図をもつものではなかった。他の目的で執行される他の儀式においては、アグニは退いて他のふさわしい神に主宰神の座を譲った。

近代宗教学の創始者オクスフォード大学のF・マクス・ミューラー教授[(3)]（一八二三―一九〇〇）は、ギリシャ神話と『リグ・ヴェーダ』に見られる神観念を比較検討した。そして、『リグ・ヴェーダ』におけるこのような多神教でありながら常に一神が祈りの対象とされる神々の世界を「単一神教（ヘノ・セイズム）[(4)]」と命名し、また、祈りの目的内容によって祈りの対象たる神が常に交替していることから「交替神教（カト・ヘノ・セイズム）[(5)]」と呼んでいる。このような特徴がヴェーダ文献に看取できるのも、古代インドにおいて祭式が重要視された結果の一つの表われということができる。

帰一思想

このような多神の世界観から発展して、多くの神々は結局のところ一神のさまざまな現われ方であり、多くの神々とは一つの神の別名にすぎないと考えるものも出てきた。

すべての現象の根源によこたわる唯一のもの、さまざまな神々の世界に君臨する最高の唯一神、万有《ばんゆう》の本源として宇宙開闢の初めに立つ唯一絶対の根本原理——これを知り、探求したいという願望が、ヴェーダ時代のインド人にも強まってくる。すべてのあらわれの根底に存在する唯一のものを知りたいというあこがれは、インドにかぎらず、人類の思想の歴史のいずれにも表出される哲学の基本問題の一つということができる。オルダス・ハックスレー(6)（一八九四—一九六三）は、『ザ・ペレニアル・フィロソフィ』において、スピノーザ(7)（一六三二—七七）の「永遠の相のもとに」ということばを手がかりに、諸事象の奥に時空を超えてある、唯一永遠の存在を捉えようとして、古今東西の思想文献からの叙述を集成して、編集しているが、ウパニシャッドやヴェーダーンタ思想など唯一の原理を探索する希求はインドにおいて古くから現代にいたるまで、とくに顕著にみられる。

『リグ・ヴェーダ』の世界創造神話

個々の神々を賛嘆する讃歌の集積として出発した『リグ・ヴェーダ』も、次第にこの唯一なるものの探求を中心にして哲学的思索の度合を深めてくる。そして宇宙の開闢・展開を語る世界創造神話となって結晶する。

『リグ・ヴェーダ』の世界創造神話は、次の三系統に分類されよう。

世界創造を建造・鍛冶にたとえる神話

ヴィシュヴァカルマン（造一切者）が木材や樹木を用いて天地を創造した。

ブリハスパティ（祈禱主神）が鍛冶師のように万有を鍛え出した。

ヒラニヤガルバ（黄金の胎児）が太初の大水にはらまれ、これが万有の主宰として天地・海山・神々の創造支配者となった。

これらには、従来の自然神の一段上に位する唯一者、神々を造る神を模索する努力が看取される。

巨人解体神話（『プルシャ・スークタ』）

天地を覆いさらに余りある不死の巨人・千頭・千眼・千足のプルシャ（世界原人）を供物として神々が祭式を執行し、これから日・月・火・風・天・空・方位・生類など万物が生じた。その口から司祭階級が生じ、その両腕から王族、その両腿から庶民、その両足から隷民が生じた。(8) インドラとアグニの神々もその口から生じた。北欧スカンジナヴィアのエッダのイミル神話(9)や中国の盤古《ばんこ》(10)氏の伝説にも類例をもつ巨人解体を主題とする世界創造説であるが、ヴェーダにおいては祭式との関係が濃厚であるのが特徴的である。

中性の唯一のものの分裂・増殖による世界開展

太初には無もなく有もなく、空界もなく、それを覆う天もなかった。死もなく、不死もなく、日月星辰もなく、ただ暗黒に覆われていた。かの唯一なるもの（タッド・

エーカム）がみずから生まれた。この唯一なるものに意欲が起こり、それを力として万有が生起した。

万物の展開の根源にある唯一の存在の探求は、この最後の例において一番のたかまりと純粋性を発揮している。これらの讃歌は概して神秘的神話の色彩が濃く、論理的に一貫して述べられたものではない。しかし、そのような中からだんだんと組織づけ、志向する方向づけというものが明らかになってきている。

『リグ・ヴェーダ』に見られた思索の展開は、四種のヴェーダ聖典が整備され、またヴェーダの主要部分サンヒター（本集《ほんじゅう》）に加えて、ブラーフマナ（祭儀書《さいぎしょ》）・アーラニヤカ（森林書《しんりんしょ》）・ウパニシャッド（奥義書《おくぎしょ》）という、各ヴェーダ本集に対する付随の解説文献が蒐集整理されることによって、時代が下るとともに精緻さを増し、より複雑な神話や伝説を交えるようになっている。

ヴェーダ時代に人は、自分の願望の達成成就を求めて、目指す主宰の神を賛美し、それに望まれる供物を捧げ、その見返りとして相当の果報を期待した。そこには、率直かつ単純明解な契約・交換の関係が存在し、これが純粋なる敬虔さとか見返りを求めないひたすらの信仰心・愛・神への感謝・喜悦を上回る原理として働いていた。誤りなく執行された供儀に対しては、神々もみずからの意志と関係なく相応の果報を祈願者に対して授与せざるをえなかった。ヴェーダ文献全体が多種多様な祭式行事を前提とし、その誤謬ない執行という至上目的をもち、その必要性の上に立って編纂されたものであることを忘れてはならない。

注

(1) 本章の参考文献としては、以下の論書を掲げる。
針貝邦生『ヴェーダからウパニシャッドへ』(清水書院、二〇〇〇年)
中村元『ヴェーダの思想』『中村元選集〔決定版〕』第八巻(春秋社、一九八九年)
ヴィンテルニッツ/中野義照訳『ヴェーダの文学――インド文献史』第一巻(高野山大学日本印度学会、一九六四)

(2) 『リグ・ヴェーダ』の祭祀においては、いかなる神も或る一つの讃歌の主題となった時には、最上級の讃辞を受けて、あたかも他の全ての神々の上に君臨するかのごとくに扱われる。このような『リグ・ヴェーダ』に看取できる独自の信仰表明の仕方を、マクス・ミューラー教授は、「カト・ヘノ・セイズム」と名付けたのだった。

(3) Friedrich Max Müller ドイツ生まれで、イギリスに帰化し、『リグ・ヴェーダ全集』他、東洋宗教思想文献を数多く出版したオクスフォード大学教授。一八七〇年に"science of religion"のことばを確立した学者としても名高い。

(4)(5) 一八九〇年にロンドンから、『リグ・ヴェーダ』の原典およびサーヤナ注のテキストを刊行したマクス・ミューラーの命名による。その後、この呼称は、他の学者によっても承認・継承された。(中村元『ヴェーダの思想』二〇六頁以下参照)

(6) Aldous Huxley　イギリスの名門科学者の家系に生を享け、あらゆる民族と文化にとって共通の真理とされる思想とは何か?」を追求した。「永遠の相のもとに sub specie aeternitatis」は、すべての根底にあるものを見極めようとして、スピノーザが用いたフレーズ。

中村保男訳『永遠の哲学』(平河出版社、一九八八年)

(7) Baruch De Spinoza　オランダ・アムステルダム生まれの哲学者で、デカルトやライプニッツと並ぶ、十七世紀の近世合理主義哲学者として名高い。

(8) アイスランドに伝わる北欧神話と英雄伝説の集大成。

(9) 北欧神話に伝わる原始的巨魔。

(10) 中国古代(三世紀の呉)神話の主人公の名前。盤古の身体から天地万物が生まれたと説く。

4 ウパニシャッドの思想

広義のヴェーダ文献の最後の部分を構成するのが、ウパニシャッド(1)(奥義書《おくぎしょ》)である。ウパニシャッドという語の意味は、「秘密の教えの伝授を目的として、信頼され、許しを受けた弟子が師匠の近くに座る」ことである。そこから、「秘密の教え」・「秘説」・「奥義」を意味するようになり、さらに世界の神秘を説き明かすばらもん(婆羅門)教の一群の聖典の名称となった。『ブリハッド・アーラニヤカ・ウパニシャッド』、『チャーンドーギヤ・ウパニシャッド』など主なものだけでも十三を数え、中世以後成立の新しいものを加えると一百八とか、二百にのぼる。主なるウパニシャッドの成立年代は、西暦紀元前五〇〇年を中心に前後の数百年間と考えられている。個々のウパニシャッドは、すべてが『リグ・ヴェーダ』ほかのいずれかのヴェーダに所属するとされ、ヴェーダ聖典を伝承する各学派によって伝承されてきた。

ウパニシャッドの基本思想とは、きわめて多様でかぎりなく変化をしつづけるこの現象世界には、唯一の不変な実体（ブラフマン　梵）がその本質として存在し、そしてそれが人間の個体の本質（アートマン　我）と同一であるということである。いわゆる「梵我《ぼんが》一如《いちにょ》」の思想であり、これにつきるといってよい。ウパニシャッド哲学の全思想は、このブラフマンとアートマンとの二つの概念のまわりを回転しているといえる。そこでウパニシャッドの思想を理解するためには、この発生の異なる二つの概念をあきらかにしておく必要がある。

ブラフマンには、ブリフ√bṛh-「増大する」というサンスクリット語動詞の語根にその語源根拠を求めて、「神性・神的なものに高まり、増大しようとする意志」と解釈するほか、「聖なる呪句」、「魔術的な霊力」、「身体の熱力」、「祈禱の文句」、「祭式に用いられる薪の束」など、諸学者の語義探索がある。決定的な結論は得られないにしても、なにか、この一切の諸現象を成立せしめている基盤となる霊的な力・熱力を表わすとする点では、一致しているといえよう。

ブラフマンが客観的であり、中性の原理であるのに対して、アートマンは主体的・人格的色彩の濃厚な原理である。アン√an-「呼吸する」の語根から派生した語とされ、元来「いき」・「気息」を意味し、転じて「生気」・「身体」・「自身」、さらには

「自我」・「自己」・「霊魂」を意味するようになった。

個人存在の本質についての考察・探求は、すでにブラーフマナ（祭儀書）文献のうちに現われはじめていたが、ウパニシャッドにおいて、「アートマンがブラフマンと同一である」という言明として、明確に表明されるにいたった。すなわち、われわれの存在の基底には究極の本来の自己があるという自覚と、それがすなわち絶対者にほかならないという、ゆるぎない確信の表明である。個人の本体を形成する小宇宙の本体は大宇宙の本体と本質的に同一である。なんの欠損も不足も存在しない。このとき、個人の本体（自我）は大宇宙の本体（梵）にまで高められる。そしてヨーガの修練によってみずからの自我を把握できるものは、この大宇宙の本体（梵）を我がものとすることができる。個人の気息の考察にはじまったアートマンの観念は、一躍して宇宙的なスケールに到達する。ここには、自我と大宇宙の同一観の神秘的実感が現出している。これは、はじめはウパニシャッドの哲人たちによってただ直感的に体得され、おりおりに詩のような形で断片的に表明されていた。それが次第に整備され、より論理的に、より適切な表現をもって表明されるにいたる。

シャーンディリヤの教え

「心臓の内部に存するこのわがアートマンは、米粒よりも、麦粒よりも、芥子粒よりも、黍粒よりも小さい。……心臓の内部に存するこのわがアートマンは、地よりも大きく、空界よりも大きく、天よりも大きく、これらの世界よりも大である。かれのうちに、一切の行動、一切の願望、一切の香り、一切の味が存する。かれはこの一切を自分のうちに包含している。かれは語らず、かれは悩むことがない。——これ、すなわち、心臓の内部に存する、このわがアートマンは、このブラフマンである。わたしは、この肉体を離れたときにこれと合一する。このように意向のさだまったものにはなんの疑惑もないであろう。——と、このようにシャーンディリヤは言った。このようにシャーンディリヤは言った。(2)」

われわれが見聞きし、経験する一切の事物・現象はそのままに真理である。真理・実在とは現象界の背後の奥深くにあるものではなくて、一切の現象がそのままに真理そのものである。極大にして同時に極小であるもの、無限大と無限小、反対の一致として、絶対者を捉え、そのように表明することは、ニコラウス・クザーヌス(3)(一四〇一—一四六四)にもみられるように、洋の東西を問わずに類似した同じような表現が用いられた。しかし、ウパニシャッドの哲人に特徴的なことは、シャーンディリヤ(4)がこの絶対者を本来の自己と同一視し、それを論証なしに直感的に表明した点にある。彼によると、この絶対者ブラフマンとは本来の自己であるアートマンと同一である。だからブラフマンについて述べられたことが、そのままにアートマンについて述べられ、またその逆が繰り返されても、それは決して矛盾でも混乱でもない。絶対者たるものは常に唯一である。したがって絶対者ブラフマンは絶対者アートマンと同一であることが要請され、両者は二分されることがない。

「タット・トヴァム・アシ(汝はそれである。)」

ウッダーラカ・アールニ仙はその子シュヴェータケートゥに、現象世界の諸存在がいろいろに呼ばれるが、それらはすべてことばによる表示にすぎず、その本質は唯一の実体である有《う》（サット）にほかならないことを教える。そして、この有からどのようにして現象世界が成立するかを示し、さらにこの有がアートマンにほかならないことを、ウパニシャッドの名言として知られる、「汝はそれである（タット・トゥヴァム・アシ）」のことばで開示する。

「わが子よ、蜜蜂たちは蜜を作り、いろいろな木の花の液汁を集めて、これをひとつのものとする。それらの花の液汁がそのひとつのもののなかで、『わたしは、これこれの木の花の汁である』、『わたしはこれこれの木の花の液汁である』と弁別されないのと同じように、わが子よ、この世のあらゆる生きものは有に入ったとき、『わたしは有に入っているのだ』と知らないのである。……この微細なるもの、この世のすべてのものはこの有を本質としている。それが真実に存在するものである。それはアートマンである。シュヴェータケートゥよ、汝はそれである。(5)」

ニヤグローダ樹の種を割って調べてみても、そこにわれわれはなにものも見ることはできない。しかし、この知覚できず、見ることのできないものからニヤグローダ樹の大木が育つことは疑うことができない。また、たくさんの河川の水は流れて大海に帰入するが、大海の中でそれぞれがどの河川の水かはまったく弁別できない。このように、一切の生類は有から出て、有に帰入するのであるけれども、有から現われたという自覚も知識もないままに生存を続けている。このように自然界にあるもの、客観とわれわれの個我は、つまるところ最究極者である有（サット）から開展し現われ出たものであるが、この有とは汝自身の本来の自己と呼ぶべきものにほかならない。これはアートマンにほかならない。

万有・全客観を構成する本体である唯一者（有）が、どこまでも汝自身の開展にほかならず、われわれの主体を離れて独立にありえないという、徹底した主体一元論を作りあげているところに、まさにウパニシャッドとしての特徴を看取ることができる。「タット・トヴァム・アシ（汝はそれである。）」のことばは、ウッダーラカ・アールニ仙の息子との対話のなかで九回にわたって繰り返されるが、「アハム・ブラフマースミ（我は梵である。）」(6)とともに、ウパニシャッドの中心思想をもっとも的確に表現している二大文章として有名である。

「ネーティ・ネーティ（しからず。しからず。）」

ウパニシャッドが、先行する古代インドの思想文献ときわだって異なる特徴の一つとして、ウパニシャッドには思想家の個人名が明記されている点がある。夫婦の対話・父と息子との論争・娘の質問のように、ウパニシャッドにいたって、従来とは異なり、個人の名前とむすびつけてその特殊な主張内容が伝えられるようになる。それまでの思想界・精神活動の世界がブラーフマナ司祭階級に独占されていたのに対して、ある場合にはジャナカ王のように王族が司祭階級を凌ぐ祭式の知識を保有していたり、またウッダーラカ・アールニ仙のように在野の哲人が司祭階級の占有する知識からは逸脱するような新興思想を開陳したりする。古代インドにおいても、個人の独立した哲学的思索の意義が認められる段階が訪れていた。

ヤージュニャヴァルキヤ仙が家を捨て遊行の旅に出ようとするとき、妻のマイトレーイーは不死に関する極秘の教えを聞きたいと仙人に求める。求めに応じてヤージュニャヴァルキヤ仙は、アートマンの本質を説き明かす。その最後において、アートマンの本質がわれわれの認識・理解を超えるものであり、もし強いてこれを叙述しようとするならば、「ネーティ・ネーティ（しからず。しからず。）」[7]と否定的表現をもって表わすしか方法がないことを教える。アートマンは、それによって人がこの一切を認識できるものである。しかし、アートマンそれ自体はなにものによっても認識されることはない。アートマンは、把捉できないものであり、不可説なるものである。これは破壊されることがなく、汚れに染まることもなく、これに加えることもこれから減ずることも不可能である。

超越的で絶対的な存在を否定的に表現することは、インド思想に見られる顕著な傾向の一つといえるが、この特徴的思考をもっとも早く提示したのがウパニシャッドの哲人ヤージュニャヴァルキヤ仙のこの「ネーティ・ネーティ」の教示であったということができよう。

西欧思想界へのインパクト

十七世紀中葉ムガル王朝の王子ダーラー・シコーの命によって五十二篇のウパニシャッドが「ウプネカット」の名でペルシャ語に翻訳された。このペルシャ語訳が丁度フランス革命の最中にアンケチル・デュペロンの手でラテン語に重訳され、これによってウパニシャッドは西欧知識人に知られるところとなる。ショウペンハウエルは

「その一行一行が実になんと確固たる明確な、徹頭徹尾調和のとれた意義にみちみちていることだろう。各ページから、深い、根源的な、崇高な思想がわれわれに向かってくるが、全体に高い神聖なまじめさが漂っている。ここにはインドの空気と、根源的な、自然に順応した生とが息吹いている。」と述べて、ウパニシャッドに傾倒した。またショウペンハウエルの思想的後継者をもって任ずるパウル・ドイッセンは以後インド哲学の原典研究にその全精力を傾注するようになる。前世紀末葉ボストンに集まったエマーソン、ホーソン、ソローたちのニュー・イングランドのトランセンデンタリスト（超越主義者）にとってもウパニシャッドは熱烈な愛読書として登場していた。現代のヒッピーたちや、ポスト・モダーンの思想運動にも大きな思想的インパクトを与える啓示の書となっているのが、遠くの空の星の輝きを自らの手の内に示すような、ウパニシャッドの文章の数々である。

注

（1） インドで伝統的に認められていた「ウパニシャッド」語義解釈は、近代になってドイツ人のオルデンベルヒやオーストリアのシャイエルの研究によって訂正された。「そのような意味で用いられている用例は、ウパニシャッド文献に現実には存在しない」というのが、その主たる根拠である。論議の詳細については、次の研究を参照のこと。服部正明『古代インドの神秘思想――初期ウパニシャッドの世界』(講談社学術文庫、二〇〇五年)

針貝邦生『ヴェーダからウパニシャッドへ』(清水書院、二〇〇〇年)

(2) *Chāndogya-Upaniṣad* III, 14, 3~4.

(3) Nicolaus Cusanus ヨーロッパ中世の神学・哲学者。彼は主著『知ある無知』(一四四〇)で、「真の知恵とは、人間の知識の限界にはっきりと気付くことにある。」と主張した。

(4) ウパニシャッドにおいて、「梵我一如」・「反対の一致」を説くシャーンディリヤは、常に注目を集めてきた哲人であるが、彼の生存年・伝記は一切不明である。

(5) *Chāndogya-Upaniṣad* VI, 9.

(6) *Chāndogya-Upaniṣad* VI, 8~16.

(7) *Bṛhadāraṇyaka-Upaniṣad* IV, 4, 22; IV, 5, 15.

5 唯物論・決定論・懐疑論

――ブッダに先行する思想家たち

これまでに考察してきたのは、ヴェーダを中心としてウパニシャッドにいたる、いわゆる天啓聖典を根本的かつ絶対的権威として認め、それを保持し、かつそれに基づく祭祀を実行するばらもん（婆羅門　ブラーフマナ　司祭）階級を最上の社会階層として尊崇する、ばらもん教正統派の思想であった。

インダス河流域にはじまり、ガンジス河上流地域から西暦紀元前五世紀ごろにはさらに中流地域へと東方および南方にアーリア民族の定住地域が拡大するにつれて、民族的には他民族との混血が進行した。文化面での混合雑種化、言語の面ではサンスクリット語の俗語（プラークリット語）化の諸現象が現われた。このような背景のなかで、ヴェーダ聖典の権威を無視し、ばらもん階級の権勢を否認する、ばらもん教の立場からすれば異端の主張を標榜するものたちも出現した。ばらもん教の側からはこれらの主張を「ナースティカ（虚無論者）」と呼んで、非難した。仏教の創始者ゴータマ・ブッダ（仏陀）や、ジャイナ教の教祖ニガンタ・ナータプッタも、ばらもん教の見地からすれば、このような異端説を説くもののなかの有力な一派に数えられる。

伝統に囚われないで自由な思索を行なおうとするこれらの思想家・修行者は当時「サマナ（沙門《しゃもん》）」という呼び名で呼ばれた。古い仏教文献では、これらの在野の自由思想家のうちで、ブッダに先行するものたちの説を「六師外道《ろくしげどう》」とか「六十二見」として記している。そのなかでも『沙門果経《しゃもんかきょう》』(1)には、マガダ国のアジャータサットゥ王が当時のこうした思想家や教祖を訪ねて、修行の果報についてそれぞれに質問してまわったという、興味深いエピソードが伝えられている。

プーラナ・カッサパの無道徳論

かれの説くところでは、どのような善行をなしても、また祭祀を行なっても、それによって好い果報を受けることはないし、また反対に、殺生・盗み・略奪・邪淫・虚言などを行なっても悪を作ったことにはならない。たとえ鋭利な刃物でこの世の生きものすべてを肉のかたまりにしても悪をなしたことにならないし、また悪果を受けることもない。因果応報を否定して、善悪の別は人間が定めたことであり、真の意味では存在しないことを主張し、世間的な道徳通念を無視した。プーラナが奴隷の身でありながら主人のもとから脱走し、裸体のままに過ごしていたことも、その主張の実践であったということができる。

パクダ・カッチャーヤナの要素集合説

人間のからだは、地・水・火・風の四元素と苦・楽、それに霊魂という、七つの集合要素から構成されている。これらの七要素は、作られたものでも、他を作りだすものでもない。山頂のように変わることがなく、堅固な石の柱のように不動である。これらは互いに影響しあうことがなく、一方が他方に苦または楽を与えることがない。このことから、実践に関してパクダ独特の結論が導きだされる。世の中には、殺すものも殺さしめるものもなく、聞くものも聞かしめるものもなく、知るものも知らしめるものも存在しない。たとえ鋭利な刃物で他の頭を切断しても、これによっていずれの人もいずれかの他の人の生命を奪うことはできない。ただ剣の刃が七要素の間隙を通過するにすぎない。

宇宙あるいは人間が多元の要素の集合から構成されていると考える主張は、インドでは積集説《しやくじゆう》（アーランバ・ヴァーダ）と呼ばれる。ジャイナ教にも、仏教にも見られるし、後代のヴァイシェーシカ哲学の原子論にも継承される。パクダの説はまだ要素の集合を説くのみで、個々の要素の分割の可能性といった、アトム的検討は考えられていなかった。インドにおける唯物論的思考の先駆といえるものである。

マッカリ・ゴーサーラのアージーヴィカ教（運命決定論）

パクダの七要素に、さらに虚空・得・失・生・死の五つを加えて、生きているものが十二の要素から構成されると、マッカリ・ゴーサーラは、主張した。人間をはじめとする一切の生きものの運命については決定論・宿命説の立場をとっていた。すなわち、一切の生きものが輪廻の生存を続けているが、それは無因無縁である。生きものそれぞれには苦楽の量があらかじめ定まっていて、八百四十万大劫《こう》という長い期間を賢者も愚者もただ流転を続けるのであり、この期間を短くすることも、修行によって中途で解脱することもできない。ちょうど毛糸の球を投げると、ほぐれながら糸球は小さくなり、ついには一本の糸となってなくなるように、人は定められた期間は流転することが運命づけられている。

かれの教団はアージーヴィカ（邪命外道《じゃみょうげどう》）と呼ばれた。元来は「日々の生活に関する規則を厳密に守るもの」の意味で命名された教団名も、他からは「修行を看板にしながら生活の手段としてよこしまに利用するもの」という貶称《へんしょう》として、用いられた。この教団に対して、アショーカ王が窟院《くついん》を寄進したと伝えられ、かなり勢力を保持した時代もあったと想像できるが、教団本来の苦行主義が運命決定論の主張によって享楽化してしまったものか、存続意義を失い、その後にジャイナ教に吸収されてしまったらしい。

アジタ・ケーサカムバリンの唯物論（快楽主義）

存在を構成するものは、地・水・火・風の四元素（四大《しだい》）であり、この四元素以外にはない。人間も死ねば、人間を構成していた四元素はそれぞれの本来の元素の場に帰り、人間そのものは死とともに無となる。死後の霊魂は存在せず、したがって現世も来世も存せず、善業による善果も悪業にもとづく悪果も存在しない。世のなかに父母もなく、有徳の師匠・宗教者も存在しない。布施も祭祀も供儀も無意味である。

かれの立場は哲学的存在観としては唯物論であり、その認識観においては感覚論に該当し、道徳を否定して現世の享楽のみを説く実践観の面では、快楽主義として分類される。かれのような主張は、インドでは一般にローカーヤタ（順世外道《じゅんせげどう》）と呼ばれ、ブリハスパティを開祖と称するチャールヴァーカ派にも同類の説が見られるが、アジタの主張はその一番に先駆的な例ということができる。

サンジャヤ・ベーラティプッタの懐疑論

「来世が存在するか？」と問われたとき、サンジャヤは次のように答える。

「わたしが「来世はある」と考えたならば、「来世はある」と答えるであろう。しかし、わたしはそうとは考えない。そうかなとも考えない。そうではないとも考えない。そうではないのではないとも考えない。」

これと同様に、サンジャヤは、善や悪の業の果報について、天や地獄の存在者の有無について、修行の完成者の死後の存続の有無などについても、質問されると、ことさらに意味の把捉の困難な、あいまいな返答しか与えなかったという。かれのこのような立場は「鰻のようにぬらぬらして捉えどころのない議論」と呼ばれた。詭弁ともいえる立場であり、一種の不可知論でもある。懐疑論は単なる懐疑に終始するときにはそれの内含する本質的ディレンマから脱することが困難であるが、形而上学的難問に踏み込むことの意義に疑問を投げかける判断中止(エポケー)の態度表明として、サンジャヤの懐疑にその積極的意味を読み取ることも可能である。後述するブッダの「無記《むき》」の表明との関連も注目すべきであろう。

以上のブッダに先行する同時代の五人の思想家は、次章に扱うジャイナ教の祖師ニガンタ・ナータプッタを加えて、「六師外道《ろくしげどう》」として仏典において取り上げられている。「外道」とは、仏教を意味する「内道《ないどう》」に対応することばで、仏教の価値体系を否定し、これに敵対する立場を指す。しかし、これらの仏教側から残した記録には、かれらの主張をことさらに堕《おと》しめて戯画化していることも考えられる。プーラナの道徳否定論も、マッカリの決定論も、サンジャヤの懐疑論も、従来とは異なる時代の新しい思想の動きを示したものであった。それらの新しい動きの影響下から、それらを十分に吸収しながら、ジャイナ教・仏教の思想活動と宗教が育っていった点に注目すべきである。

注

（1）サーマンニャパラスッタ。南方仏教の上座部に伝わるパーリ語で記された経典で、漢訳仏典の「長阿含第二十七経・沙門果経」（『大正新脩大蔵経』第一巻、一〇七―一〇九頁）に相当する。この経の前半には、六師外道の教説が紹介されており、仏教学研究の目的では、現在でも他にはほとんど類が無いほどの重要な資料である。中村元『思想の自由とジャイナ教』『中村元選集〔決定版〕』第十巻（春秋社、一九九一年）

6 ジャイナ教の思想（1）

六師の一人であるニガンタ・ナータプッタは、本名をヴァルダマーナといい、大悟《だいご》を獲得してマハーヴィーラ（「偉大なる英雄」の意）と尊称された。かれを開祖とする宗教をジャイナ教と呼ぶ。ジャイナとは「ジナ（勝者）の教え」という意味である。かれは西暦紀元前四四四年ころ、東北インドの当時の商業的中心地ヴァイシャーリーの近郊に王族の子として誕生したといわれる。ブッダより十九歳年少で、結婚して妻とのあいだに一女を儲け、その後三十歳で出家して、当時の修行者（サマナ　沙門）の集団のひとつであるニガンタ派に入り、苦行の結果、大悟を得てジナとなった。その後三十年間布教教化活動を行ない、仏滅十一年後に七十二歳で亡くなっている。ジャイナ教の伝承によるとヴァルダマーナは宗教的創始者ではなく、かれに先行して大悟を得た聖者（ティールタンカラ・仏教の「過去仏」に相当する）は二十三人存在するので、かれは第二十四祖とされる。

ジャイナ教は仏教とほぼ同時代に、同じような階級出身者によって、同じく東北インドを中心に、同じく支持者が主として商業階層という社会的基盤を持ちながら形成され、ほぼ同様の発展過程と変化を経過している。教理も類似し、同様の術語を用い、神話・伝説も、教祖の生涯・伝記も類似点が多い。ともに俗語（プラークリット語）を用い、後代になってともにサンスクリット語による聖典の整備・編纂を行なった。教団の組織構成も共通する面が多く見うけられ、どちらも出家中心から出発して、それに在家の信奉者の教化を並行させることによって教線を拡大している。僧院も両者が隣接している場合が多い。

ただ、その後イスラームのインド進出後には仏教がまったく衰亡したのに対して、ジャイナ教は存続し、今日でも商工業層を中心に四百五十万人を越える信者を擁し、日常的に真摯で活発な精神・宗教活動を行なっている。出版物などをとおして知識層への働きかけもさかんである。

世界を構成するもの

ジャイナ教の宇宙論・世界観の体系によれば、五種の実在体（アスティ・カーヤ）が世界を構成する根本的要素である。それは霊魂（ジーヴァ）・物質（プドガラ）・運動の条件（ダルマ）・静止の条件（アダルマ）・虚空（アーカーシャ）の五つからなる。これら五種に時間（カーラ）を加えて、六種の実在体とすることもある。

霊魂の実体は永遠不滅であるが、人間・天神・動物・植物などの生命体の様態をとり、精神性・精神作用を属性として保有する。霊魂は行為の主体として、行為の果報を受ける。その大きさはその宿る身体に応じた広がりを有し、業《ごう》（カルマン）と結合する。修行の結果として業のけがれを離れることにより、本来備わっている上昇性を発揮して、世界を脱出してその頂上にある非世界に達するという。

物質は素材として無数に存在し、場所を占有して、色・味・香・可触性を属性として有する。また霊魂の上昇性に対して、物質は活動性と下降性を有する。物質は最小単位である原子から構成されるが、原子は部分を持たず、分割されず、それ自体は知覚されることがない。これらが多数集合して現実の知覚されうる物質が形成される（このジャイナ教の考えはインドにおいて最初に出現した原子論である）。

運動の条件とは、魚を泳がせる水のごとく、他のものの運動をさせる条件となるものである。静止の条件とは、落下物を留める大地のごとく、あるいは炎天下を旅する旅人にとっての木陰の存在のごとく、運動しているものを静止させる条件となるものである。虚空とは大空所で、そのなかに他の実在体を存在させる。

宇宙は、これらの実在体によって構成され、太古以前から存在しているので、創造神の存在は想定する必要がない。

実践論

人間が身体的および精神的活動を行なうと、その業《ごう》（カルマン）によって微細な物質が霊魂を囲んで付着する。このために霊魂は束縛され、本来の上昇性が阻害されてしまい、迷界に輪廻《りんね》して、苦しみの生存をくりかえすことになる。この輪廻の生存を脱するために人は苦行を行なって、過去の業をほろぼし、かつ新しい業の形成を防止して、霊魂を浄化しなければならない。ジャイナ教において、業と人間の実存と苦行の実践の関係は、池に投じられた瓢箪《ひょうたん》のたとえで説明される。瓢箪を草で巻き、その表面に泥を塗って池に投ずると、泥の重みで瓢箪は水底に沈む。しかし、表面の泥が落ちるにしたがって、瓢箪は次第に水中を上昇して、ついには水面に浮かぶ。業が泥に、人間存在の状況(霊魂)が瓢箪に、苦行の実践が泥の落ちることにたとえられている。業という微細な物質が霊魂を離れるとき、霊魂は本来の上昇性を発揮し、人は生きながらにして解脱の境地(ニッバーナ・涅槃《ねはん》)に到達する。このような解脱の境地に到達するためには、一切の欲望を捨て、家を離れて乞食《こつじき》・苦行《くぎょう》の生活を送らなければならない。

相対的価値観

ジャイナ教の祖師ニガンタは、ものごとの判断において絶対的・一方的になることを排除しようとした。ものごとはいろいろな立場から多面にわたって考察しなければならない。もしなんらかの判断をくだすときには、「ある点から見ると(スヤード)」という限定をつけて述べられるべきである。すべては相対的にしか表現できないし、相対的な解釈しか成り立たない。このような「ものごとの観察の仕方(ナヤ)」に基づく相対的判断・相対的価値観を、ジャイナ教の「スヤード・ヴァーダ(不定主義、相対主義)」と称する。

以上のような相対主義・合理的思考に基づいて、ヴェーダ聖典の絶対的権威の受容や、これに説かれる祭式の無条件の墨守・ばらもん司祭階級の権勢の容認などに対しては、批判的立場をジャイナ教は保持した(このため、ジャイナ教は正統のばらもん教学からは異端《いたん》とされた)。その上で、あらゆる人間があらゆる時と場所において遵守すべき普遍的規範とはなにかを考えようとしている。

アヒンサー(非傷害)の思想

生きとし生けるものの生命を尊重し、他のあり方・生き方をしているものを傷つけないことは、規範のうちでももっとも基本的かつ普遍的なものである。人はいかなる時でもいずれの場にあっても、他の生命を傷つけてはならない。ジャイナ教の修行者は、不殺生《ふせつしょう》・真実語・不盗・不淫《ふいん》・無所有の五戒の遵守を厳格に実行したが、この中でも不殺生戒(アヒンサー・非傷害)はかれらによってとくに重視された。ジャイナ教の修行者は、道を歩いて路上の小虫や小動物を踏みつぶさないようにと道を掃く払《ほっ》子《す》を常に携帯した。空中に飛ぶ羽虫を吸い込むことをおそれて口鼻をマスクで覆った。また飲み水の中の小虫を飲みこまないようにと、これを濾過《ろか》して逃すための漉《こ》し布を常時携行する。蚊・蠅・毒虫を殺すことは許されなかった。飲食を制して、しばしば断食を行ない、死にいたるまでの断食が称讃された。無所有ということも徹底して実行し、一糸も身にまとわずに裸形《らぎょう》で修行していた。われわれの肉体がすでに霊魂を覆う束縛となっている。その上に衣服を着けるのは、さらに霊魂の清浄な本性を二重に覆うことになる。戒律実行上の考え方の相違から、まったく衣をまとうことが許されない保守厳格主義の空衣派《くうえは》（ディガンバラ・ジャイナ）と、白衣をまとうことが認められる白衣派《びゃくえは》（シュヴェーターンバラ・ジャイナ）とに、後代になって分派した。

不殺生を中心とする五戒（不淫を不邪淫とする）の遵守は在家信者にも厳しく要求された。このためもあって国内の都市に定着して、とくに金融・販売業を主とする商業活動に従事する勤勉な信者が多く、社会的に厚い信頼を獲得している。こうして経済倫理面でのジャイナ教の教えと実力は、現代インド社会において無視できない影響力を保持している。帝国主義勢力の進出に対して、非暴力（アヒンサー）の抵抗運動を展開した近代インドの代表的思想家マハートマー・ガーンディーの考え方にジャイナ教思想の影響の大きかったことも指摘されている。

注

（1）ジャイナ教研究に関しては、中村元『思想の自由とジャイナ教』（『中村元選集〔決定版〕』（春秋社、一九九一年）の「付篇3」と〔付〕「文献一覧」に掲げるジャイナ教の聖典刊行状況と内外研究者の書の業績一覧（七七三―八七五頁）は、詳細を極めるとともに、研究遂行上、大変に便利である。また、日本でのインド思想研究の早い段階での明確な示唆に富む研究としては、金倉圓照『印度精神文化の研究――特にジャイナ教を中心として』（培風館、一九四四年）に注目したい。

7　ゴータマ・ブッダの仏教

——初期仏教思想

ジャイナ教とほぼ同じ時代にゴータマ・シッダッタによって開かれた仏教は、生まれた国インドを超えて、その後にほぼアジア全域に伝播してそれぞれの時代にそれぞれの国において思想・歴史・政治・社会・文化・芸術・教育などの人間の営みのほとんどあらゆる面に多大の影響を及ぼした。まさに世界の一大普遍宗教の地位を現在も保ちつづけている。

本章においては、仏教をインド思想の一面として取り上げ、われわれが日本における仏教の展開として知るもの、あるいは現実の日常信仰の場において知るものと、いかなる同異点が見られるかを論じてみたい。

長いあいだの忠実な伝承や、綿密な研究者の努力の積み重ねがあるにもかかわらず、ブッダの没年（仏滅《ぶつめつ》年代）[1]、ブッダの用いていた言語など、今もって不明の点は多い。

ブッダとはサンスクリット語の動詞ブドゥ√budh-の過去受動分詞形と考えられ、「目覚めたもの」・「覚醒者」の意味である。これを漢字で音写は「仏陀」・「仏」・「浮図《ふと》」・「浮屠《ふと》」などに置き換え、意訳は「覚者」としたが、玄奘《げんじょう》以後「仏陀」が一般的に使用されるようになった。ゴータマ（瞿曇《くどん》 最上の牛の意）は聖仙の名に由来するインドの十二姓のひとつであり、本名シッダッタは「目的を達成したもの」の意味である。生年は西暦紀元前四六三年ころ、没年は八十歳で西暦紀元前三八三年ころと近年のわが国の研究者により推定されているが、中国の唐代の経録《きょうろく》にもとづく「衆聖点記《しゅしょうてんき》」(2)説や、南方仏教の伝承によれば、これより約百年古くに遡らせる算定がされている。

ブッダの生涯（仏伝）

ブッダの生涯を記録する仏教文献を「仏伝《ぶつでん》」と呼ぶ。仏伝には、教祖を神格化・超人化・美化し、いろいろに潤色をほどこした後世の仏教徒による信仰物語の要素も多く含まれているので、これをただちにブッダの生涯の歴史的事実を記録するものとすることはできない。ブッダの一生における重大なできごととして、北方仏教の伝承では、降兜率《ごうとそつ》・託胎《たくたい》・誕生《たんじょう》・出家《しゅつけ》・降魔《ごうま》・成道《じょうどう》・転法輪《てんぽうりん》・入涅槃《にゅうねはん》の八相成道《はっそうじょうどう》をあげ、南方仏教の伝承では、降誕・成道・転法輪・入涅槃の四大仏事を数える。

ヒマーラヤの山裾、現在ネパール領南端になるタラーイ盆地を居所としたサッカ（釈迦）族の小国王スッドーダナ（浄飯王《じょうぼんおう》）の長男として、後のブッダは誕生している。誕生後まもなく母親のマーヤーが亡くなり、亡母の妹ゴータミーが養母となる。王族として恵まれた生活のうちに十六歳で妃を迎え、一男（ラーフラ）を得た。人生の問題に悩み（四門出遊《しもんしゅつゆう》）、二十九歳で出家し、アーラーラ・カーラーマ仙とウッダカ・ラーマプッタ仙について修行し、その後に師を離れて山林で六年間苦行に励んだ。身をさいなめる苦行の無意味さを反省して、後にブッダガヤーとして知られる地の菩提《ぼだい》樹《じゅ》のもとで沈思瞑想につとめ、三十五歳でさとりをひらいた。ヴァーラーナシー郊外の鹿野苑《ろくやおん》においてかつての修行仲間五人を教化して、ここに仏教の教団が成立し、以後クシナーラーにて八十歳で亡くなるまで四十五年間にわたる布教・教化の活動を行なった。

仏教教団内において、尊称としてシャーキヤムニ（釈迦牟尼《しゃかむに》　釈迦族出身の聖者）、略して釈尊《しゃくそん》（釈迦族出身の尊者）、あるいはタターガタ（如来《にょらい》　真理より到来したもの）ほか、多くの呼び名（名号《みょうごう》）がある。

文献資料（三蔵《さんぞう》）

ブッダの説法は当時のマガダ国の民間語を用いて行なわれ、また弟子たちはそれぞれの出身地の自分たちのことばでこれを伝えることが許されていた。伝承は口誦《くじゅ》を主たる手段として行なわれ、文字に記録されたのは西暦紀元後数世紀を経てからのことである。また仏教徒がサンスクリット語を用いて自分たちの文献を作成したり、従来のものを編纂しなおしたのも、これより後代であった。このためブッダの時代からは五百年以上を経過した記録しかわれわれには入手できていない。ブッダの説法がはたしてどのようになされていたかも正確には把捉が困難である。

ブッダの教えは、「古くから伝えられ、伝来された教え」という意味でアーガマ（阿含《あごん》）と呼ばれ、仏教教団の内部および民間信徒のあいだで伝承された。また後の時代になってブッダの教えの整備・編纂（仏典結集《ぶってんけつじゆう》）が行なわれた。こうして整備された仏教文献は、ティピタカ（三蔵《さんぞう》）の形式をとる。すなわち、ブッダの教えを当時の仏弟子たちが記憶するところを集めて検討・確認した、教えの蒐集としてのスッタ・ピタカ（経蔵《きようぞう》）と、教祖が定めて教団としての実行が確認された、仏弟子個人および教団それに在家信奉者たちの生活規定・倫理項目の蒐集としてのヴィナヤ・ピタカ（律蔵《りつぞう》）と、それにこれらの教えや規定についての解釈や理論づけを集めたアビダンマ・ピタカ（論蔵《ろんぞう》）の三種のコレクションからなる。三蔵の形をとって現存する仏教文献は、南アジアのスリランカ、ミャンマー、タイ国、カンボジア、ラオスにそれぞれの地域の字体で記し、保存されているパーリ語三蔵、主として西暦三世紀以後に翻訳が開始されて以後、唐代を中心に現代にいたるまで編纂が繰り返された漢訳大蔵《だいぞう》経《きょう》、九世紀以後と時代が下がるが内容的にもっとも多量の文献をとくに論理学やタントラ密教の面で保有するチベット語訳大蔵経などがある。

初期仏教の思想的特徴

三法印《さんぼういん》と四諦《したい》の教え

三法印　(a)「諸行無常《しょぎょうむじょう》」・「諸法無我《しょほうむが》」・「一切皆苦《いっさいかいく》」

(b)「諸行無常」・「諸法無我」・「涅槃寂静《ねはんじやくじょう》」

四法印《しほういん》「諸行無常」・「諸法無我」・「一切皆苦」・「涅槃寂静」

四諦「苦諦《くたい》」・「集諦《じゅつたい》」・「滅諦《めつたい》」・「道諦《どうたい》」（諦とは真理を意味する）

イ　苦の認識（「苦諦」）

ブッダの教えの出発点にあるものは、人間存在の根幹にある苦の認識である。苦の認識は「四諦」では「苦諦」として、「三法印」・「四法印」では「一切皆苦」として表明されているが、仏教の初期経典には実に多く、この世が、そして人間の存在がどのように苦であるかを説く事例が列挙されている。

「形成されて存在するものは、すべて苦をもたらすものである。」

ブッダの説く苦とは、感覚的・生理的苦を意味することは当然であるが、さらにこれを超えて、人間の実存の仕組みそのものの内含する矛盾・不条理を意味する。苦とは、自分の思いどおりにならないこと・わりに合わないこと・算盤勘定《そろばんかんじょう》の合わないことである。人が生まれ、老い、病み、死ぬという生老病死（四苦）は、ひとえに自分自身のことでありながら、まったく自分の思うとおりにならない。自分の願いとも意図ともすべて関係なく進行している。しかしだからといって他に責任を任せるわけにもいかない、人間存在の不条理なあり方を示している。さらに愛別離苦《あいべつりく》（愛するという思いが自分に生じた時点でかならず別れ離れなければならない自己矛盾）・怨憎会苦《おんぞうえく》（怨み憎いという思いが自分にあるものとは、かならず同座することになるという自己矛盾）・

求不得苦《ぐふとくく》（求めるという思いが自分にあるとき、かならずそれが得られないという自己矛盾）・五蘊盛苦《ごうんじょうく》（以上を総括して、五つの集まりから構成されているものとして存在するとき、必然的に生ずる自己矛盾）の四苦がある。いずれも自分自身ではどうにも解決できない（強いていえば、自分自身の側を変革していかなければ解決できない）事柄である。以上合わせて「四苦八苦《しくはっく》」が古来仏教では説かれてきた。

ロ　苦の原因　誤解と執着（「集諦《じゅったい》」）

このように人間の存在のあり方が苦であるのは、本来的にいって「我《が》でないもの」をあたかも我であると考え、誤解してしまい、しかもそれに執着するわれわれの無知に原因する。苦しみの原因とは、無知であり、これは人間がもって生まれた根本欲求（煩悩《ぼんのう》）、とくに夏の暑さのなかでの喉の渇きにも似た妄執（タンハー　渇愛《かつあい》）の性質を持つものである（「集諦」）。

では、ものの本質の正しい理解とはなにか？　苦とは、無常と置き換えられる。

「生ずるものは、いかなるものでも、すべて滅するものである（生者必滅《しょうじゃひつめつ》）。」

生きている人間にとって死が決して逃れることのできないものであるように、すべての存在は時間の支配から逃れることはできない。一瞬たりとも同一のあり方で留まることができないのが、この世のすべてのもの・ことの真のすがたである（「諸行無常」）。そして、この時間というものの外側の枠組から見た、「無常」という、もののあり方は、ものの内側・主体の側から見たときには、「絶えず自分が自分でないものに置き換えられている」・「自分であって自分でない」あり方をしている（「諸法無我」）ということができる。このようなあり方をしている自分を正しく見つめなくてはならない。

ハ　苦の滅却（「滅諦《めったい》」）

このように苦の原因を見極めて、人間をふくめてのすべてのもののあり方について、真実相の理解が生まれたとき、苦を滅ぼし、苦に打ち勝つことができる。ニッバーナ（ニルヴァーナ　涅槃）という、苦が滅却された安楽の境地・解脱《げだつ》の状態を望むことができる（「滅諦」・「涅槃寂静」）。ニッバーナとは、「煩悩の燃え盛る炎を消し静めた理想的状態」と説明される。

ニ　苦の滅却に到る方策（「道諦《どうたい》」）

苦の滅却・止滅にみちびく方策としては、具体的に八正道《はっしょうどう》（八聖道）がブッダによって設定・提示された。すなわち、正しい見解（正見《しょうけん》）・正しい思惟（正思《しょうし》）・正しいことば（正語《しょうご》）・正しい行為（正業《しょうごう》）・正しい生活（正命《しょうみょう》）・正しい努力（正精進《しょうしょうじん》）・

正しい念想（正念《しょうねん》）・正しい精神統一（正定《しょうじょう》）の修道法である。この八つの修道法の正しい実践によって、苦を滅却した平安の境地に到達できる。

実践法は、戒律の実践（戒学《かいがく》）と、瞑想による精神統一（定学《じょうがく》）と、正しい知慧の修養（慧学《えがく》）の「三学《さんがく》」として、説かれることもあった。

初期仏教の世界観・存在論「五蘊《ごうん》」・「十二処《じゅうにしょ》」

人間をふくめての、世界に存在するもの、ダンマ（ダルマ 法）のあり方については、仏教では「五蘊《ごうん》」とか「十二処《じゅうにしょ》」という、多元論的な説明を与える。

イ 「五蘊」

パンチャ・カンダ（五蘊）のカンダ（スカンダ）とは「集まり」という意味で、次の五種類の集合体が集まって、人間を含めて現実の世界に存在するすべてのものが構成されるとする。

ルーパ（色《しき》）の集合　いろ・かたちをもったもの。物質。感覚・認識の対象。
ヴェーダナー（受《じゅ》）の集合　こころのうちに印象を受け取り、感情を生むはたらき。
サンニャー（想《そう》）の集合　こころのうちにイメージを構成するはたらき。

サンカーラ（行《ぎょう》）の集合　こころの能動的な意志活動のはたらき。潜在的形成力。

ヴィンナーナ（識《しき》）の集合　対象をそれぞれ区別して、認識し、判断するこころのはたらき。

「我《が》」と考えられている存在も、その真実のすがたはこれら五種類の集合体がそれぞれ時点ごとに仮りに結合して構成されたもの（五蘊仮和合《ごうんけわごう》の我《が》）であって、けっして恒常的な存在ではない。

ロ「十二処」

現実の存在を構成するものは、われわれの認識や行動の成立する意識主体側の領域として六種（六根《ろくこん》＝六入《ろくにゅう》）と、それに対応する対象側の領域として六種（六境《ろくきょう》）の合わせて十二種の領域（十二処）である。

六根（六入）		六境	
眼《げん》	視覚機能	色《しき》	いろ・かたち
耳《に》	聴覚機能	声《しょう》	音声
鼻《び》	嗅覚機能	香《こう》	におい
舌《ぜっ》	味覚機能	味《み》	あじ

身《しん》　触覚機能　　　触《そく》　触れられて判ること・もの
意《い》　認識・思考機能　法《ほう》　考えられるもの・概念・範疇

六入と六境は、それぞれが対応し合って、それぞれに対応する認識（六識）が生ずる。十二処に眼識《げんしき》・耳識《にしき》・鼻識《びしき》・舌識《ぜつしき》・身識《しんしき》・意識《いしき》の六識を加えて、十八界《じゅうはつかい》（十八の領域・要素）と称する。

仏教における、存在についての考え方は、このようにきわだって認識論的である。すなわち、いろ・かたちとか、こころがそれ自体として存在するかを問うよりも、それが受け取る側の意識にいかなる影響・意味を持つかを考えようとする関係的思考が特徴をなしている。

ハ　縁起説《えんぎせつ》

ものごとのあり方の関係的成立を考察した仏教教理に縁起説がある。縁起とは、「縁《よ》って起きる」・「なにかとの関係に依拠して、もの・ことが成立している」という意味である。

縁起説はわれわれの現実の生存が老病死などの苦に纏綿《てんめん》されている事実を直視して、このような苦としての人間のあり方が何故現われるのか、その原因を明らかにする。

そしてその原因が生まれる根本条件を滅することによって、われわれの苦を滅し、迷いの生存からの離脱を図ることを教える教理である。もっとも整備された形式の縁起説は、次の十二の構成部分からなる（矢印→は順観《じゅんかん》の方向を示す）。

無明《むみょう》（人生の真実相についての無知）→行《ぎょう》（無知に基づく心身の行為とその潜在的影響力）→識《しき》（こころ・認識主観）→名色《みょうしき》（名称と形態をもつもの・対象）→六入《ろくにゅう》（六種の認識の領域）→触《そく》（認識主観と対象との接触）→受《じゅ》（感受作用）→愛《あい》（欲望）→取《しゅ》（執着行動）→有《う》（迷いの生存）→生《しょう》（出生）→老死《ろうし》（老いと死をもつ存在）

縁起説は、現実にあるものの生起を解説するものではなく、「何故にこのようにあるのか」という、仕組み（論理関係）を観想する観念の方策である。順観・逆観《ぎゃくかん》・並観《へいかん》の三方向の観想を経て、縁起の理法の正しい納得に悟入するとされた。

ブッダの実践的態度　対機説法・無記・中道

ブッダの教えは、現実に苦しみ悩む人々をいかに救済するかという、差し迫った動機からの具体的な対応を説くものであった。臨機応変に、その場その場で一番にふさわしく現実の救いに役立つ対処法を教えるものであった。

ブッダの時代においても、思想家たちはしばしば現実の問題を離れた問題の議論に耽《ふけ》り、果てしない論争・議論を続けていた。ブッダは人々の現実の苦悩の解決とは無関係の議論への介入を避けた。「世界は時間的に有限か、無限か?」・「世界は空間的に有限か、無限か?」・「身体と霊魂は同一のものか、別異のものか?」・「如来は死後も生存するか、しないか?」などの質問を投げかけられたとき、ブッダは答えなかったという(捨置記《しゃちき》・無記《むき》)。このような形而上学的な問題は、正否いずれとも実証不可能であり、強いて与えようとする解答は一方的なものか、あるいは同義反復に陥いる。ブッダはこのような論争に加わることを無意味とした。ここには六師外道のサンジャヤの鰻のような答えとも共通するものがあるが、ブッダにとっては、現実の人々の救済の方が差し迫った重要な課題であった(「毒矢のたとえ」、『箭喩経《せんゆきょう》』)。

このように、ブッダは、極端な形而上学的一元論思考も、極端な懐疑論も、極端な道徳否定論も、極端な快楽主義も、または身を苦しめる極端な苦行実践も、これらいずれの立場も受け入れることがなかった。いずれの極端をも排した「中道《ちゅうどう》」の実践に、人々の現実の苦悩を救う実際的意義を見出して、これを教えたのがブッダであった。

またブッダは、人間社会に存在する階級的差別に反対して、人間がすべて平等であることを主張し、人が尊いのはその生まれ・家柄・階級・職業によるものではなく、その人の正しい行ないによって尊いとすべきであると説いた。ここにも、ブッダの教説の実践的意義を見ることができる。ブッダの教えは、インド社会において現代にいたるまで、人間平等の高い理想を掲げるメッセージとして広く受けとめられている。

注

（1）ゴータマ・ブッダの生没年については、長年にわたって内外研究者たちによって、研究が継続されてきた。それらの諸研究者の説については、中村元『ゴータマ・ブッダ』1（『中村元選集〔決定版〕』春秋社、一九九二年）に詳細な記載が存在する。

まず、ゴータマ・ブッダは八十年の生涯をこの世で過ごした。このことは、南方仏教の史伝などによって確認されている。そこで、ゴータマ・ブッダの入滅年時が確定できれば、誕生の年時も判明する。日本での諸研究者説の一部を記すと、次のようになる。

高楠順次郎の説　（紀元前五六六―四八六）の南方アジアの仏教圏

渡邊照宏・水野弘元の説（紀元前五六〇―四八〇頃）
宇井伯壽の説（紀元前四六六―三八六）
中村元の説（紀元前四六三―三八三）

これらの諸説に対して、南方仏教における『マハーヴァンサ（大史）』や『ディーパヴァンサ（島史）』などの史伝に基づくブッダの生没年代説では、（紀元前六二四―五四四）とされる。そして現在、南方仏教では「仏滅（紀元前五四四）年を紀元の元年とする仏教暦」が採用されている。

（2）さらに、隋の費長房が開皇十七（紀元後五九七）年に撰した『歴代三宝記』（『大正新脩大蔵経』第五十九巻、九五頁）に記載されている、サンガバドラ（僧伽跋陀羅）によって伝承されたという「衆聖点記」説がある。すなわち、ブッダが入滅した年の七月にウパーリ長老が供養をすべて完了した後で一墨点を記載して、その後に毎年、参加した聖弟子が行事完了後に一点ずつ墨書して記録を後に残した。そして、この墨点の数は斉の永明七年（正確には永明八）には九七五点に達していた。以上を「衆聖点記」説という。

これに基づいての「ゴータマ・ブッダの生没年は紀元前五六五―四八五」という一説も存在する。

8 アショーカ王の理想

――人はなんの目的で生きるか？

チャトル・ヴァルガ（四目的）とアーシュラマ（四住期）説

アショーカ王の理想

西暦紀元前三二七年に西インドのガンダーラ地方にマケドニアのアレクサンドロス大王が進入した。王は兵を西方に帰す途中でバビロニアで客死する。紀元前三二三年のことである。ギリシャの遠征軍が西北インドの群小国家群を征服したことが刺激となって、この十年後にチャンドラグプタ王によるマウリヤ王朝のインド支配が行なわれる。マウリヤ王朝第三代アショーカ王はさらに版図を広めてインド亜大陸の南端部を除く広大な地域の政治統一をインド史上はじめて達成する。ギリシャ系の五人の王名がアショーカ王の石刻詔勅《せきこくしようちょく》(1)に言及されていることから、アショーカ王の即位年代が西暦紀元前二六八年前後二年と推定されることは、歴史の絶対年代を知る手がかりが少ないインドにおいてきわめて貴重である。

アショーカ王は、即位後第九年目に東南海岸のカリンガ国を平定するが、この戦いで多くの罪なき民衆や獣畜を殺傷したことを深く反省し、すべての人々がいかなる時代においても守るべき永遠の普遍的な理法があることを確信するにいたる。そしてこの法の実現を目指して、みずからも努め、またこの理想を民衆に徹底させるために、各地に詔勅文を刻んだ石柱を建立したり、これを磨崖に刻み込んだ。貧民のための施しの家や、人・獣畜のための病院をつくり、薬草栽培を奨励し、旅人のための休憩所や井戸の掘削・道路の整備を行なった。伝道師の辺地派遣や仏蹟の補修や仏塔の建立など仏教興隆に意を尽くしたばかりでなく、ばらもん教・ジャイナ教・アージーヴィカ教(2)などの諸宗教をもひとしく保護し援助した。王にとって政治とは、世のなかの人々の利益と安楽をはかることであり、民衆に対して公平と寛容をもって扱うことを臣下に命じ、その徹底を意図してみずからも「法の巡行」と名づける視察旅行を各地に行なっている。

アショーカ王のダルマ(法)は、万人が等しく守るべき普遍の理法であって、これをただちに「仏法」ということはできない。しかし、仏教でいう「転輪聖王《てんりんじようおう》(普遍的理法をもって国を治める国王(3)」の理想が、アショーカ王において具現されているのを見ることができる。

人生の四大目的

インドでは古来、人がなにのために生きるかと聞かれたとき、実利(アルタ)・愛欲(カーマ)・法(ダルマ)・解脱(モークシャ)の充足を「人生の四大目的(チャトル・ヴァルガ)」として挙げる。解脱を法に含めて「三大目的(トリ・ヴァルガ)」とする場合もある。アルタとは物質的な利益・財富を意味する。カーマとは、性愛に代表される享楽や欲望一般である。ダルマとは、インドに生きる人々の守るべき社会的義務・かれらによって尊ばれている価値基準のことである。モークシャとは、解脱・理想の達成された極みの境地である。

以下にそれぞれの価値を追求する代表的論書を論じよう。

実利――カウティリヤの『実利論《じつりろん》(アルタ・シャーストラ)』

「人間の生活の基礎は財富(アルタ)である。換言すれば人間の住む土地という意味である。その土地を獲得し、守護するには……」

まさに現代の財産作り読本のような文章が紀元前三世紀の作とされる『実利論』に横溢している。カウティリヤ別名チャーナキヤは、インドのマキャベリともビスマルクとも称せられ、中国の諸葛孔明《しょかつこうめい》に対比されるが、紀元前三世紀のマウリヤ王朝の創始者チャンドラグプタに就いた名宰相であり、知謀家であったといわれる。本書が現存する形に編纂されたのは、西暦紀元後三世紀のころであろう。

本書は功利を徹底追求する。世俗的な野望を満足して、権力の頂点にあり、地上に覇をとなえるものは、いうまでもなく王である。そこで、本書はインドの帝王学・国家論を論ずる書となった。国王とは、日頃から軍隊を養成し、築城に力を注ぎ、地方に植民をして、国造りを行ない、諜報活動の常備と外交術策の成功により隣国を友邦として獲得しとどめなくてはならない。戦いとなったときには、臨機応変の戦術と迅速な用兵によってただちに戦勝を収め、他国を制覇する。国内の中央・地方の政治機構、行政組織、経済力の整備充実を図らなければならない。土地制度の改革、度量衡の制定、出入国者の管理、税制の整備と罰金の徴収、監察制度の厳重徹底などによって、国庫を富まし、また民心をとらえて、国王を敬して軽んずることのないように、硬軟両様の方策を使い分けなければならない。

カウティリヤの説くところはあくまでも「実利」であり、そのためには手段を選ばない権謀術策のかぎりをつくした策士・専制者の極みをこの国王学は提示している。インドにおいても合目的・合理的な思考の先駆が、このような兵法書・功利経営の指南書として、まず現われていることは注目すべきである。

愛欲の追求——ヴァーツヤーヤナの『カーマ・スートラ』

功利の追求の書が『アルタ・シャーストラ』であるとするならば、「愛欲」という、もう一つの人生の大目的に捧げられた聖典は、『カーマ・スートラ（性愛綱要書）(4)』である。マッラナーガ・ヴァーツヤーヤナの著作とされるが、紀元後五—六世紀の西インド出身と推測される以外、かれについて知られることがない。愛の喜悦を描き、性愛の機微を論じつくしたもので、インド古典文芸のエロティシズム思想発展の上できわめて重要な文献である。日本でも西欧でも興味本位のセックス的きわもの扱いされていて正当な評価が遮蔽されがちなのは残念である。

全体は七篇に分かれ、性愛の技巧を微細に論ずるほかに、結婚の儀式、ガニカー（遊女）の技芸・手練手管、ナーガラカ（都会の粋人）の嗜好・高尚な趣味、礼儀・洗練された教養と風流生活など、当時のインドの都市文化の粋《すい》を分類し、分析した論書である。『カーマ・スートラ』は、古くからインドで王侯貴族が学習し、身につけるべき必須の教養学術指南書であった。そしてその後にこの書は、カーヴィヤ（美文体純文学）やアランカーラ（修辞学）、さらには『ナーティヤ・シャーストラ（演劇論）』といった、インドの美学・純文学分野の学問教養の源泉となっている。

後代にインドにおける美とか愛の理論の重要な基礎概念となったラサ（情調《じようちよう》）は、『ナーティヤ・シャーストラ』ではじめて説かれるが、ラサとは「味」を意味する。ある食物を食べたときに、甘・酸・辛・苦などの味覚が起きるが、これと同じく、舞台で俳優が演技を一定の手順で演ずると観客の心に「勇気」・「恋情」・「憤激」・「憎悪」・「滑稽」など一定の心情・情感（八種類のラサ）を呼び起こす。ラサ理論を中心とする美の仕組みについての考察は、中世の宮廷文学のなかできわめて精緻に技巧的に論じられるようになる。

ダルマ――『マヌ法典《ほうてん》』

ダルマ（法）とは、道徳・人倫の道・規範・正義・理念・宗教・法律・慣習・義務・功徳・存在などきわめて多くの意味を含む語である。「宇宙的秩序・社会的秩序のなかにあって本来の在り方に正しく身を置くこと」と定義できる。法典編纂の歴史は、ばらもん（婆羅門）教聖典のなかで「スムリティ（聖伝書《せいでんしょ》）」として位置づけられ古くまで遡るが、後代のヒンドゥー社会そして現在のインド人の聖俗両面にわたって、誕生から教育・職務・結婚・育児・相続・死にいたる、すべてに関しての日常行動に深い関わりをもつ『マヌ法典』(5)が形成されたのは、ほぼ西暦紀元前後と考えられる。

インドの法典は、宇宙の開闢・世界創造から説き起こし、身分階級（ヴァルナ 四姓《しせい》）の組織と機能、良きドヴィジャ（再生族《さいせいぞく》）が一生を通じて施行すべき儀式・祭祀、王侯の遵守すべき規定、司法、贖罪法《しょくざいほう》、輪廻《りんね》・転生《てんしょう》、解脱《げだつ》への道までを記す。まさに宇宙の秩序をあらしめ、社会の秩序をあらしめるものの一貫した叙述となっている。このため、通常の法律箇条とみなされるものは全体のほぼ四分の一にすぎない。法規を集成した法典というよりも、ばらもん教の価値観から見て、善く完全である、百パーセントのインド人として生きるための生活箇条・宗教倫理集成が全篇を構成しているというべきである。

モークシャ（解脱《げだつ》）

以上の三種の論典が究極とするところは、苦からの離脱・輪廻からの脱却であった。その意味ではこれらすべてがモークシャ（解脱）を目指す文献といえる。事実、上記の文献のいずれもの冒頭あるいは最終章に解脱を説いて、宗教文献の色彩を深めている。ヴェーダ聖典やウパニシャッドはいうまでもなく、仏教やジャイナ教、またばらもん教の各教派にも、根本聖典としての「スートラ（経《きょう》）」があって、それぞれが目指す解脱とそれを達成する手段が説かれている。用兵学・経営学も美学・文学も、法学・哲学・倫理学も、すべてが究極的には宗教的解脱を目指しているのが、これらのインドにおける学問の特徴ともいえる。

モークシャ（解脱）とは実利・愛欲・社会規範の三者を超越し、かつ三者すべてに内在して、これらに究極の価値をもたらす基準となるというべきものである。

インド人にとって実利・愛欲・法・解脱の人生の四大目的、または三大目的は、各個別々のものではない。また一人の人間がこれらすべての実現を同時に目指しても、決して矛盾となるものではない。一匹の動物の四足のごとく、これらの四理想の調和のとれた追求と充足に、最高の理想の達成があるのであった。

アーシュラマ（四住期《しじゅうき》）説

ダルマ・シャーストラ（法典）によって組織化される考えで、ウパニシャッドにも多く言及されている典型的なインド人のライフ・スタイルに「アーシュラマ（四住期）」説がある。これは、一人の人生に四つの経過時期を設定している。

（一）ブラフマチャーリン（学生・梵行者《ぼんぎょう》）

アーリア人の子は、一定の年齢（八―十二歳）に達すると、ばらもん教のグル（師匠）に就く儀式（ウパナヤナ 入門式）を経て、その集団の正規の一員ドヴィジャ（再《さい》生族《せいぞく》）としての自覚と確認がなされる。（「再生族」とは、人間として生を享けた一度目の後に、この儀式を経ることによって、ばらもん教社会集団の正規の一員と認められて第二の誕生をすることから、この名がある。シュードラを除くカーストの成員に該当する。）その後、かれは師匠の家に住みこんで、師匠が唱えるヴェーダ聖典を暗記研鑽し、祭の実行の仕方を学び、精進潔斎《しょうじんけっさい》し、禁欲的修行を行なう。この研鑽の期間は、十二―十八年間続くといわれ、十二歳を過ぎてなおも入門しないものは、再生族としての資格が剝奪されるとする。

(二) グリハスタ（家住者《かじゅう》）

上の学習の期間を無事果たした青年は、生家に帰り、ただちに結婚して、家庭を作らなければならない。生業に就いて、それから得た利益で家族を養い、またこれを神に捧げ、他に施し、また他の住期にある人たちの生活を援助するために用いる。祖霊《それい》のための祭を行ない、跡継ぎの子供を儲け、育てる。

(三) ヴァナプラスタ（林棲者《りんせい》）

家長として社会への義務を果たし、後継者が順調に育って、後顧の憂いなしとなったとき、子に後事を託して森に隠棲することが許される。妻を伴って森に入ることもあるが、雨露をしのぐだけの庵《いおり》に住んで、ぼろや樹皮を身にまとい、草根果実を食として、もっぱら禁欲・苦行の生活を送り、肉体的・精神的修行に専心する。苦行を実施している期間のほかは、他からの食・物品の布施《ふせ》を受けることが禁じられている。

(四) サンニャーシン（遊行《ゆぎょう》・遁世《とんせ》者）

さらに人生の最終期においては、煩悩を離れ、世俗からはまったく縁を断ち、庵を構えることもせず、居所を定め持つことなく、遍歴《へんれき》・托鉢《たくはつ》の生活を送る。禅定《ぜんじょう》・瞑想《めいそう》の時を持ち、ただ沈黙を守り、ひたすら解脱に達すべく精進・遊行に時を過ごす。生への執着を持たないことはもちろん、ことさらに死を望むこともなく、ただただ風に舞う木の葉のごとく、あるいは空をゆく流れ雲のごとく、身をまかせる。

以上の四住期が、古代インドにおいて実際にどの程度まで実行されていたかは明らかでない。おおかたのドヴィジャに属する人々は、古代においても第二の家住期のままでその生を終えたであろう。しかし、アーシュラマ説は、一人の人がその生涯において、聖から俗へ、または俗から聖へと一貫した、それでいて異なった四つの生き方を年齢とともに段階を追って経過することを説く点に意義がある。しかも現在もなお多くのインドの人たちが、これを理想として掲げていることに意義がある。インドにおける、一人の人間の生きざまの標本として、底流のごとく古代から強い影響力をもってきた理念である。釈尊などのインドの聖者の伝記や、叙事詩の王者・英雄・聖人の生き方に、この四つの段階が反映している。

「アーシュラマ（四住期）」説は、「チャトル・ヴァルガ（四大目的）」説と並んで、人間がなにを求め、どのように生きるかについて、インド人の心の底に流れるモチーフを雄弁に物語り、開示するものということができる。

注

(1) 北インドの大平原を流れるインダス・ガンジス両河の流域に覇権を拡げたマウリヤ王朝の第三代アショーカ王(Asoka, 西暦紀元前二六八—二三二頃在位)は、仏教に帰依して、布教に努め、各地に寺塔を建立し、ブッダにゆかりのある各地に記念の塔や石柱などを建立し詔勅文を刻み、自ら巡拝を行なった。これらの現存が歴史資料としてきわめて貴重なものである。この岩石詔勅文の一つに、シリア王アンティオコス・テオス、エジプト王プトレマイオス、マケドニア王アンティゴノス、キレーネー王マガス、エーベイロス王あるいはコリントス王アレクサンドロスの、これら五人の隣邦国の王たちの許に使節を派遣したことが記録されている。このことがアショーカ王の年代決定のための鍵になった。

『インドと西洋の思想交流』『中村元選集〔決定版〕』第十九巻、八一頁以下参照。

(2) Ājīvika マッカリ・ゴーサーラ(西暦紀元前三八八頃没)が所属していたことで知られる、「生活に関する規律を厳密に守るもの」の教団であったが、「修行を生活の糧を得る手段とするグループだ」と、貶されてもいた人たちの教団でもある。漢訳仏典では、「邪命外道《じゃめようげどう》」と訳されている。

（3）dharma-cakra-vartin　インド神話において、世界を統一支配する帝王の理想像。武力・権力をもってではなく、正しい理法によって人々を納得させ、安らかに満足して日々を過ごさせる支配者。仏典でも『無量寿経』（『大正新脩大蔵経』第十二巻、二七八頁）や、『法華経』（『大正新脩大蔵経』第九巻、二頁）に説かれている。

（4）*Kāma-sūtra*　ヴァーツヤーヤナ／岩本裕訳『完訳　カーマ・スートラ』（平凡社・東洋文庫、一九九八年）

（5）渡瀬信之『マヌ法典――ヒンドゥー世界の原型』（中公新書、一九九〇年）

9　叙事詩の世界（1）

――『マハーバーラタ』『バガヴァッド・ギーター』のバクティ思想

インドにおいて国民的叙事詩といわれるものに、『マハーバーラタ』と『ラーマーヤナ』がある。

『マハーバーラタ』とは？

この世界最大の叙事詩は、(1)史実を基にして構想され、数百年間に徐々に吟遊の詩人たちによって語り継がれ、紀元後四世紀ごろ現在伝えられている形に編纂されたと考えられる。十八巻十万頌の詩句からなり、ホメーロスの(2)『オデッセイア』と『イーリアス』の二大叙事詩の合計より八倍の長さを持つ長篇である。題名は「バラタ族の戦争を物語る大史詩」という意味で、著者は伝説上の聖仙ヴィヤーサに帰せられ、ヴィヤーサ自身が作中に登場して重要な舞台まわしの役を演じている。

あらすじ

現在のディリー地方を中心としたクル国は、バラタ王が統治していた。後継者に盲目の長兄ドリタラーシュトラと弟のパーンドゥの異母兄弟があった。兄の家系をカウラヴァ家と呼び、ドゥルヨーダナをはじめとする百王子が生まれた。弟の家系をパーンダヴァ家と呼び、ユディシュティラ・アルジュナ・ビーマ・ナクラ・サハデーヴァの五王子が生まれた。弟パーンドゥが夭折したため、兄が弟の子供たち五王子を引きとって自分の子と一緒に育てる。悲劇は、ドリタラーシュトラ王が、弟の五王子の中で最年長のユディシュティラの武勇を愛して、王位継承者と定めたことから始まる。実子たちが怒り、五王子を害しようとする。五王子たちは難を逃れて南方に一時身を隠す放浪の旅に出る。パンチャーラ国では王女ドラウパディーのスヴァヤンヴァラ（婿選び）の競技が開催されていた。五王子の一人アルジュナは弓の名手であり、諸王侯に混じってこれに参加して、強弓を引いて首尾よく的を射抜き、王女を獲得し、五王子共通の妻として迎える。アルジュナは旅の途中で後の軍師となるクリシュナと知り合う機会を得る。

ドゥルヨーダナの新宮殿に招待されたパーンダヴァ家のユディシュティラは、好きな賭博に引き込まれて、全財産・王国・兄弟・妻まで賭けて負けてしまい、以後十三年間五王子は国を追われ、名を隠して苦行者として流浪の旅を余儀《よぎ》なくされる。五王子の無聊を慰めるために、森の仙人たちが種々の物語を語り聴かせる。(有名な「ナラ王とダマヤンティー姫の恋物語」も、このような挿話の一つである。この箇所に当時知られていた神話・伝説・教訓譚《たん》が多数盛り込まれて、『マハーバーラタ』を膨大な量にしている。)

五王子がマツヤ国王の教師・召使・馬番・牛飼・料理人として奉仕しているところに、カウラヴァ家の百王子が王国に侵入してきて暴虐をはたらく。十三年間の亡命期間が終って、五王子は素性を明かし、喜んだマツヤ国王はアルジュナに王女を与えて、同盟を結び、ここにカウラヴァ家との戦闘の日が近づく。

二河に挟まれたクルの野に全国各地から雲霞のごとく同盟軍が駆けつけて、布陣する。いよいよ決戦の火ぶたが切られる。アルジュナは敵陣に叔父・従兄弟がそろい、またかつて同じ宮廷で過ごした友達や、教えを受けた師匠の姿をみとめて、骨肉あい喰む同族の戦いを躊躇し、戦意を失う。御者として戦車に乗る軍師クリシュナは、このとき秘説をアルジュナに説き明かし、このクリシュナの教えを聴いて、アルジュナのためらいは一掃され、勇躍して戦場に赴く。(この箇所が有名な『バガヴァッド・ギーター』である。)

ものすごい死闘が開始された。戦車・騎馬隊・象軍が激突し、武士たちが弓矢・槍・剣・こん棒をもって奮闘した。両陣から名高い英雄が名乗りを上げて一騎打ちを行なった。戦いは一進一退であった。すさまじい戦闘が続いた。軍師クリシュナの指揮のもとにパーンダヴァ軍が優勢を占めて、ついに第十八日目になってカウラヴァ軍は敗北し壊滅した。カウラヴァ軍の総帥ドゥルヨーダナ王も瀕死の重傷を負った。全滅のカウラヴァ軍の陣からは、ただ三人の武士だけがかろうじて生きて近くの森に逃げのびることができた。そのうちの一人は、夜中に大きなみみずくが一羽飛んできて、森の木々の枝に止まって眠っている鳥の群を一羽また一羽とそっと食べつくしてゆくのを見た。この武士の頭に一つの妙案がひらめいた。仲間の落武者を目覚め起こさせると、パーンドゥ軍陣地にひそかに潜入して、勝利に酔って熟睡している敵陣の武士たちを一人一人こっそりと殺してまわった。そして、ついに五王子とクリシュナと御者を除く、パーンドゥ軍を皆殺しにしてしまった。

激しかった戦いが幕を降ろして、戦死者の葬儀が執行された。愛児を亡くした老齢盲目のドリタラーシュトラ王と、パーンドゥ五王子とのあいだに和議が成立した。この大戦で多くの親族・朋友・兵士たちを殺したことを後悔したパーンドゥ王は、その罪を浄めようとして、ヴィヤーサ仙の勧めで盛大なアシュヴァメーダ（馬祀祭《ばしさい》）を開催する。その後、パーンドゥ家の一族は諸国を従えて、国内も安泰に治まり、世は泰平を謳歌した。

クリシュナも、息子たちが死に絶えた悲しみのカウラヴァ王妃ガーンダーリーの呪いをうけた。クリシュナ一族の勇士たちは、酒に浸り、たがいに憎しみ、殺し合って滅んだ。クリシュナ自身も森で鹿と誤認されて、かれの唯一の弱点である足の裏を猟師に矢で射られて死んだ。

パーンドゥ家の五王子たちも森に隠棲していたが、やがてヴィヤーサ仙の勧めに従って神々の住むヒマーラヤ山塊の奥の霊山メールへの巡礼に出た。その途上において相次いで没し、天界に赴いた。

『マハーバーラタ』は戦いの叙事詩であり、そのかぎりでは死を恐れない武士のすがた、信義を重んじて約束を違えず、弱者を憐れむ武士の道徳が強調されている。しかし、全編を覆うのは、死のムードであり、人間存在の空しさを切々と訴える寂静感である。みずからに課せられた過酷な運命に耐えながら、強い意志をもってみずからの義務（スヴァダルマ）を遂行し、定めに専心する登場人物の一人一人の影には、表現を超えた寂寞とした思いが漂う。

「ダルマ（法）とアルタ（実利）とカーマ（愛欲）とモークシャ（解脱）のすべてにわたり、他にあるものはここにもあり、ここにないものはいずこにもなし。」と『マハーバーラタ』は、みずからの立場を誇る。

インドの叙事詩とは、国の人々すべてが二千年以上にわたって子供のころから聞き覚え、絵本で親しみ、寺院での説法や村の祭芝居とか活人劇など、折にふれて接してきた、心の寄り処というべきものである。単なる戦争物語というだけでなく、これに多くの神話・伝説・歴史談義・教訓譚が加わり、「彼岸《ひがん》での安寧《あんねい》」という宗教的境地・哲学教理・社会倫理を説く、まさに人生全般にわたっての指南書の性格を帯びているものなのである。

『バガヴァッド・ギーター』のバクティ思想

『バガヴァッド・ギーター』(略称『ギーター』)は、『マハーバーラタ』第六巻の一部を構成する全十八章七百頌《じゅ》からなる小篇であるが、マハートマー・ガーンディー(一八六九―一九四八)をはじめ多くのヒンドゥー教徒がこれを最高の聖典として、またみずからのすべてにわたる行動の規範として、朝夕唱えて尊崇してきているものである。(3)

『マハーバーラタ』の「ビーシュマ・パルヴァン」章のこの部分は、カウラヴァ・パーンダヴァ両家の一族同士の骨肉相喰む大戦闘が不可避となったときに、盲目のドリタラーシュトラ王に御者サンジャヤがその両軍対峙する一触即発のありさまを逐次語り伝えるという形式で構成されている。

肉親を殺す戦いを躊躇したアルジュナはこの気持ちを戦車の御者クリシュナに訴える。ひるむアルジュナを励まして、クリシュナは即刻戦場に赴くようにうながす。「この戦闘は正義の戦いである。戦闘を避けてはならない。武士たるものは、死力をつくして戦うことに自己の本来の義務（スヴァダルマ）がある。汝の専心すべきことはただ行動のうちにある。結果ではない。行動の結果を顧慮してはならない。」（第二章取意）

クリシュナのこのことばで、アルジュナはこの戦いの意義を理解するが、なおもためらい煩悶する気持ちは拭いきれない。このとき、クリシュナはついにみずからが最高神ヴィシユヌにほかならない聖体をアルジュナの前に示現したのだった。希有で恐ろしく、凝視することのできないほどに輝きわたる光輝の塊りの最高神そのものの聖体示現に、アルジュナは驚きにことばを忘れ、恐しさに総毛立ち、おののき身を震わせながら、ただ合掌し礼拝するのみであった。アルジュナにむかって、神は告げる。

「あなたの見たこの私のすがたは、非常に見られ難いものだ。神々ですら、この姿を常に見たいと望んでいる。

ヴェーダ、苦行、布施、祭祀によっても、あなたが見たような私を見ることはできない。しかし、ひたむきなバクティ（信愛）により、このような私を真に知り、見て、私に入ることができる。アルジュナよ。

私のための行為をし、私に専念し、私を信愛し、執着をはなれ、すべてのものに対

して敵意のない人は、まさに私に至る。アルジュナよ。」（第十一章五二―五五頌　岩波文庫　上村勝彦訳による）

最高神の聖体示現と、その限りない恩寵に包まれ、救われている我身を感じとったアルジュナのこころからは、もはや悩みも迷いも払拭されていた。欣然として剣を取りあげると、アルジュナは勇躍して戦場に赴いた。

バクティ（信愛）の道

『バガヴァッド・ギーター』において、解脱にいたる道は次の三種が説かれている。

㈠ジュニャーナ・マールガ（知識の道）：正しい知識を学び、正しい認識を行なうことによって、解脱に到達する。

㈡カルマ・マールガ（行為の道）：祖先に対する祭祀を実行し、正しい日常生活を送り、正しいヨーガの実践・修習によって、身心を清らかに保ち、解脱に到達する。

㈢バクティ・マールガ（信愛の道）：最高神への絶対的な帰《き》投《とう》・帰依を行ない、神の恩寵に浴して解脱に到達する。

『バガヴァッド・ギーター』は、バクティの道を最後に掲げて、しかもこれを一番強調する。ほかの二つの道もバクティの道に対立したり、離れてあるものではない。知恵を有し、みずから身心の修練を怠らず、しかもひたすらに神への信心に満ちたものが、もっとも秀でた人である。

バクティとは「分け与《あず》かる」を意味する動詞バジュ√bhaj-から派生した、「依拠すること」・「好意をもつこと」を意味することばとされる。ここに、全身全霊をこめての神への絶対的帰投・最高神を賛嘆し、敬い、これにひたすらに奉仕し、身も心もすべてを捧げて、もっぱら我身を神に委ねることにより、神の恩寵に浸り、しかも救われていることを喜悦しつつあるという思想が、インドに出現している。

「人が信愛をこめて私に葉、花、果実、水を供えるなら、その敬虔な人から信愛をもって捧げられたものを私は受ける。

あなたが行なうこと、食べるもの、供えるもの、与えるもの、苦行すること、それを私への捧げものとせよ。

私は万物に対して平等である。私には憎むものも好きなものもない。しかし、信愛をこめて私を愛する人々は私のうちにあり、私もまた彼らのうちにある。

たとい極悪人であっても、ひたすら私を信愛するならば、彼はまさしく善人である

とみなさるべきである。彼は正しく決意した人であるから。」（第九章二六―三〇頌上村訳による）

以上の訳文を読んで、これから聖書を、あるいは親鸞の浄土教に連想を馳せることは当然といえる。『バガヴァッド・ギーター』の成立は西暦紀元前二世紀から紀元後二世紀にかけてと考えられているが、新約聖書の時代とも、大乗仏教興起の時代とも、ほぼ重なる時期に『バガヴァッド・ギーター』のヴィシュヌ神への絶対帰依のバクティ思想が形成されていたことは、きわめて注目すべき世界文化史上の出来事といえる。

注

（1）上村勝彦訳『マハーバーラタ』八巻まで既刊（ちくま学芸文庫、二〇〇二―〇五年）。和訳の残余四巻に相当する部分が、訳者の急逝によって未完成のままに今日に至っていることは、まことに残念である。
上村勝彦訳『バガヴァッド・ギーター』岩波文庫（岩波書店、一九九二年）
上村勝彦『バガヴァッド・ギーターの世界――ヒンドゥー教の救済』（ちくま学芸文庫、二〇〇七年）

(2) Homeros　西暦紀元前八世紀頃の古代ギリシャの吟遊詩人で、西洋文学最初期の叙事詩『イーリアス』と『オデュッセイア』の作者とされている。

(3) Mahātmā Gāndhi　インドのグジャラート州で商業を営む敬虔なヒンドゥー教徒の家庭に生まれ、イギリス留学を経て弁護士資格を取得した。帰国後に南アフリカに赴いて、在住インド人の権益保護を目的とした抵抗運動に参加する。彼は、自分の運動を「サティヤー・グラハ(真理の把捉保持)」と命名し、「アヒンサー(非暴力・非傷害)」を理想の理念として掲げた。彼は、一生を、全インド的規模での独立運動の指導に捧げ、一九四七年に念願のインド独立は達成された。ガーンディー/田中敏雄訳注『ガーンディー自叙伝』全二巻(平凡社・東洋文庫、二〇〇〇年)

10　叙事詩の世界（2）

――『ラーマーヤナ』最高神のアヴァターラ（化身）とクリシュナ伝説

『ラーマーヤナ』の世界

『ラーマーヤナ』[1]は七巻二万四千頌《じゅ》からなる。『マハーバーラタ』とほぼ同時代に成立し、増広・修正を経て紀元後四世紀ころ現在の形におちついたと考えられている。『マハーバーラタ』に比すれば、四分の一と短く、それだけにまとまっていて、すじの展開や詩作の技巧面でも洗練されている。作者ヴァールミーキはインドの詩人のはじめであるとされる。あるとき、ヴァールミーキが森のなかの川辺をさまよい歩いていたとき、仲睦まじく戯れている一つがいのクラウンチャ鳥（帝釈鴫《たいしゃくしぎ》）を見つけた。突然、猟師が現われて矢で雄の鳥を射殺した。雌の鳥は悲嘆の声をあげた。雌鳥の嘆きに同情して、思わず猟師に呪いを投げかけたヴァールミーキの声調は、自然にシュローカ（偈頌《げじゅ》）の詩となったという。ブラフマー神（梵天《ぼんてん》）の勧めでヴァールミーキは、この詩の頌形を続けて『ラーマーヤナ』を物語りはじめる。

あらすじ

コーサラ国のダシャラタ（十車《じゅつしゃ》）王は権勢並びない大王であったが、後継者がないことがたった一つの悩みであった。男子を得るために天に祈願のアシュヴァメーダ（馬祀祭《ばしさい》）を盛大に催す。天界でこの供養を受けた最高神ヴィシュヌは、地上にダシャラタ王の王子として生まれ変わり、当時神々をも苦しめていた十頭の大悪魔ラーヴァナを退治しようと決意する。祭が終ると王の三人の妻に四人の王子が誕生する。第一王妃にはヴィシュヌ神の精力の半分を受けたラーマ王子が、第二王妃には神の精力の四分の一を継いだバラタ王子が、そして第三王妃には神の精力の各八分の一を継承したラクシュマナとシャトルグナの双生児が誕生し、そろって仲良く成長する。

ヴィデーハ国のジャナカ王にはシーター（田の畦道という意味）姫という美しい王女があった。王は自分の秘蔵の強い弓を曲げることのできる勇士に王女を嫁がせたいと考えてスヴァヤンヴァラ（婿選び）競技の開催を布告する。参加したラーマ王子は剛力を示して、シーター姫を我がものとして、幸せな数年を過ごす。

老いの迫ったのを感じたダシャラタ王は、ラーマ王子を後継の王位につけようとする。これを知った第二王妃は自分の子のバラタ王子を王にと画策し、かつてダシャラタ王が病気のとき王妃が看病にあたった際の約束を楯《たて》にして、ラーマ王子の十四年間の追放とバラタの王位継承の履行を王に迫る。ラーマ王子は、国王が言葉を違えることのないようにと、みずから退いて森に身を隠す。父王は悲しみに悶死《もんし》する。

森でラーマ王子は魔女の誘惑を受けるが、これを退け、魔女の軍勢と戦って撃破する。魔女は、ランカー島に飛び帰り、兄の大魔王ラーヴァナに復讐を依頼し、かさねてシーター姫の美貌を伝えて兄の欲情をそそる。

魔王ラーヴァナの策略で放った金色の小鹿に気をとられて、森に深くラーマ王子が迷いこんでいるすきに、ラーヴァナはシーター姫を誘拐して、ランカー島に連行し、羅刹女《らせつにょ》の監視をつけて洞窟に幽閉する。森から戻ってシーター姫のすがたが消えていて、ラーヴァナの策略に気づいたラーマ王子は、驚きと悲しみにこころ動転して、シーター姫を求めて旅に出る。

探索の旅の途上で猿王スグリーヴァに加勢して王位に復する助力をした結果、猿軍との同盟が結ばれ、猿王の家臣で、風神の子である神猿ハヌマンが味方となる。ハヌマンは空中を飛んでランカー島に渡り、魔王ラーヴァナの城内の様子をさぐる。偵察の報告を受けて、ラーマ王子と猿軍のランカー島総進撃が開始される。猿たちは岩や木を運んできてランカー島への橋をかける。

戦闘の火ぶたが切られ、両軍の勇士たちの合戦が続く。最後にはラーマ王子と大魔王ラーヴァナの猛烈な死闘がはじまる。十の頭を持つ魔王ラーヴァナは一つの首を切り落されても、他の頭と戦う間にすぐに新しく生えてきてしまい、なかなか彼を殺すことができない。神々が加勢に駆けつける。インドラ神が戦車を動かし、ブラフマー神が造った武器でようやくラーマ王子はラーヴァナの心臓を突き刺すことに成功する。このようにしてついにラーマ王子と猿軍に凱歌があがり、幽閉されていたシーター姫の奪還をめでたく果たす。

ラーマ王子は、シーター姫と自軍、それにハヌマンと猿軍を伴って、故郷に凱旋する。民衆の歓呼の声のなかで即位式を挙行し、以後に善政を布き、黄金時代を現出する。ラーマ王子がその後シーター王妃との別離の運命を味わうことになる後日談も付されている。ラーマ王子にとって運命は終始苛酷なものであった。

行為の典型・模範としてのラーマとシーター

筋書きは、王室内の世継ぎ問題の紛糾からはじまった、魔王からの妻奪還の物語にすぎない。しかし、このラーマ王子には、子として、王族として、勇士として、夫として、帝王として、人間として考えられるかぎりの完全無欠な理想像が投影されている。シーター姫には、インド婦人としての理想のすべてが表現されている。

「ラーマ王子の武勲のかずかずを語る、ヴェーダ聖典にも比すべき、気高いこの詩を読む人は、罪科《とが》すべてが消え去るであろう。救いを授ける、この『ラーマーヤナ』の話を読む人は、たとえ死んだとしても、その後に係累縁者とともに救われるであろう。」

十六世紀のトゥルシー・ダースの『ラーム・チャリト・マーナス』(2)が爆発的に民衆のあいだで広まることによって、ここで使用された近世ヒンディー語の確立にも力を貸すことになり、またラーマの物語はまさにインドの国民的スケールの英雄談としての地位を獲得した。現在にいたるまで、『ラーマーヤナ』はインドの各地で朗詠され、野外劇・ページェント・神楽・舞踊・造形美術にと深く浸透し、カンボジアの石刻・

ジャワ島の影絵のように、東南アジア、中央アジア、中国にまでその影響は広範囲にひろまっており、まさに文化伝播の典型例ということができる。

最高神のアヴァターラ（化身《けしん》）——クリシュナ伝説

叙事詩において登場する神々の特性が、従来とは変わってきていることに注目したい。インドラやアグニなどのヴェーダ時代の神々もなお依然として叙事詩に現われてきているが、もはやかつての栄光も偉力も持ち合わせてはいない。代わって中心的存在として現われるのは、世界の創造を司るブラフマー（梵天《ぼんてん》）と、世界の維持に当るヴィシュヌ（毘紐天《びしゅてん》）と、世界の破壊者としてのシヴァの三神であり、この三神が最高神の地位を互いに競いあう。これら三神はそれぞれが最高である。言い換えれば、最高者の三つの異なった具現であり、三神すべては一神ヴィシュヌ、あるいは一神シヴァ、あるいは一神ブラフマーの現われである。ここに後世にインド神話でさかんに説かれる三即一・一即三のトリムールティ（三神一体）説が構成される基盤ができる。叙事詩においてとくに崇拝されたのは、これら三神のうちでもとくにヴィシュヌ神であった。瞑想の喜びに浸《ひた》っている唯一者ヴィシュヌの臍《へそ》から伸びた蓮の花からブラフマー神が誕生したとも、ヴィシュヌ神の額からシヴァ神が生まれたとも説かれる神話ができあがり、熱烈なヴィシュヌ信仰がヒンドゥー教徒のあいだで形成されていく。『マハーバーラタ』では『バガヴァッド・ギーター』の部分においてクリシュナがヴィシュヌ神の化身として登場するが、補遺篇《ほいへん》『ハリ・ヴァンシャ』になるとヴィシュヌ神の生い立ちが中心主題となり、さらにその後に編纂された一群のプラーナ（古伝話）聖典においては、ヴィシュヌ神とそのアヴァターラ（化身）が次第に整備され詳細に展開されるようになる。

アヴァターラとは「降下」という意味で、悪魔などに苦しめられている生類を救済するために、神が仮に人間や動物の姿をとって地上に降臨すること、あるいはその仮の姿（化身《けしん》・権化《ごんげ》）のことである。プラーナ聖典ではヴィシュヌ神の次の十種のアヴァターラを説く。

一　ヴァラーハ（野猪《やちょ》）

悪魔ヒラニヤークシャが大地を水中に沈めた。ヴィシュヌは巨大な野猪の姿をとって水中から牙で大地を上に救い上げ、悪魔を殺した。

二　ナラシンハ（人獅子《ひとじし》）

悪魔ヒラニヤカシプが苦行の結果、人間にも獣にも殺されないようにという願いがかなえられた。そこでヴィシュヌは、頭がライオンで身体が人間という、人間でも獣でもない人獅子の姿をとって、かれを退治した。

三　クールマ（亀）

不死の霊薬アムリタを求めて、神々とアスラたちがマンダラ山を攪拌棒《かくはんぼう》にして大蛇を巻いて乳海を攪拌した。マンダラ山が海底に沈みかけたのでヴィシュヌが巨大な亀に化身してその背中で支え上げた。

四　ヴァーマナ（侏儒《しゆじゆ》）

魔王バリが三界を支配していたときに、ヴィシュヌは親指ほどの小人に変じて、油断した魔王から三歩の土地を譲り受けたあとで、本来の姿に戻って天界・地上・地底界を奪還した。

五　マツヤ（魚）

人間の祖先マヌが河から小魚を救い育てたが、やがて世界の大洪水のときに巨大な姿で戻ってきた魚はマヌの船を洪水から救った。あのときの大魚がヴィシュヌの化身である。

六　ラーマ

ヴィシュヌは姿を変じて『ラーマーヤナ』の英雄ラーマ王子となって、妻シーター姫を誘拐した魔王ラーヴァナを退治した。

七　パラシュ・ラーマ（斧をもったラーマ）

ヴィシュヌはジャマッド・アグニ仙人の子として生まれ、父の復讐として高慢なクシャトリヤ王族を地上から抹殺した。

八　クリシュナ

ヴィシュヌはクリシュナとして生まれ、悪王カンサを殺した。クリシュナ伝説は次第に独自の広がりを見せて、膨大なものとなる。

九　ブッダ（仏陀）

悪魔に悩まされた神々を救うため、ヴィシュヌは仏教の開祖ブッダとして生まれた。悪魔を誘ってヴェーダの宗教を捨てさせた結果、誤った教えの仏教徒になった悪魔たちはみな地獄に堕ち、神々に平安が戻った。

十　カルキ

カリ・ユガ（末世）にヴィシュヌはカルキとして生まれ、神から授かった白馬に乗り、剣で悪党どもをみな殺しにして、正しいダルマ（法）の支配するクリタ・ユガ（正法《しょうぼう》・黄金時代）をふたたびこの世に取り戻す。

アヴァターラ（化身）の考え方によって、最善・最強・最上など、すべての最高のものはヴィシュヌに帰せられるようになった。このようにして、それまでインドの民間に広く流布していた神話・民間伝承の多くがヴィシュヌ信仰のもとに集約されていった。

インドの時代区分

ばらもん教において、現代はカリ・ユガという一番悪い時期に当る。ユガ（宇宙の年紀）には次の四時期がある。

㈠ クリタ・ユガ「円満時」百七十二万八千年間　昔にあった最良の黄金時代

㈡ トレーター・ユガ「三分時《さんぷんじ》」百二十九万六千年間　正法の四分の三が残る時代

㈢ ドゥヴァーパラ・ユガ「二分時」八十六万四千年間　正法の半分が残る時代

(四) カリ・ユガ「争闘時」 四十三万二千年間 正法《しょうぼう》の四分の一しか残らずに、戦争や天災や早死などの不幸が連続する暗黒時代で、現代はこのカリ・ユガの最中にある。仏教で説く正《しょう》・像《ぞう》・末《まつ》の三時期のうちの最後の末法《まっぽう》時代・末世《まっせ》に相当する。

クリシュナ伝説

『バガヴァッド・ギーター』の英雄クリシュナは、南インド系の黒い顔色の実在の人物を反映したものとみられ、すでに『チャーンドーギヤ・ウパニシャッド』に言及されているが、時代とともにその伝説は想像力の広がりを見せている。

ヤムナー河のほとりのマトゥラーの都は悪虐のカンサ王が統治していた。王は自分が「叔母デーヴァキーの生む八番目の子に殺される運命にある」と予言されたことから、叔母の生む子をすべて殺そうと図る。第七子のパララーマと第八子のクリシュナだけが生き延びて、牛飼の村でひそかに育てられる。幼児クリシュナは怪力の持主で、いろいろな奇跡を現じ、ヤムナー河に住む悪龍を退治する。怒りのインドラ神が降らせた暴風雨から牛たちを守るために、山を片手で傘のようにさしかざしてかばう。悪戯《いたずら》好きのクリシュナだが、牛飼の娘たちはクリシュナに憧れて、いつも一緒に戯れ、踊る。（牧女ラーダーとの恋物語はインド細密画《さいみつが》の格好の画材となっている。）カンサ王はクリシュナ兄弟をマトゥラーにおびきだして殺そうとするが、反対にクリシュナによって殺される。クリシュナは一万六千人という多くの女性とのあいだに数千の子どもを作る。また、かれは『マハーバーラタ』にはアルジュナ王子の軍師として登場し、最後は森でジャラ（老い）という名の猟師にクリシュナの唯一の弱点である足の裏を射られて非業の死を遂げる。

クリシュナ信仰は、バーガヴァタ派というヒンドゥー教の一派を形成するが、とくに牧童神クリシュナの永遠の若者としての面、恋の神キューピッドとしてのその若さと絶大な精力、道徳に囚《とら》われない奔放《ほんぽう》さをもって、ヴィシュヌ神に優る信仰を、きわだって女性から現在なおさかんに寄せられている。

注

（1）中村了昭訳『新訳ラーマーヤナ』全七巻（平凡社・東洋文庫、二〇一二―一三年）

（2）*Rām-carit-mānas* I, 1, 98～99. ここに、その一部を引用して掲げたが、サンスクリット語で記され伝承されてきていた古典叙事詩は、中世になると、インド民衆の間で彼らが日常用いている俗語に翻訳され、伝えられて、彼ら民衆の強い精神的な指標としての役目を果たすようになった。例えばトゥルシー・ダース（Tulsī Dās　一五三二―一六二四）は、東部ヒンディー語に翻訳しながら、ラーマの行ないに対しての熱烈な信仰を吐露し、「すべての人は皆、兄弟に他ならない」と説いて、民衆運動の基盤として用いている。

11　大乗仏教の興起

中国・日本に伝播した北方仏教系統（北伝《ほくでん》）の伝承によると、ゴータマ・ブッダの入滅後百十六年後にアショーカ王の即位（西暦紀元前二六八年）があった。これは、南方仏教系統（南伝《なんでん》）の伝承では二百十八年後とされる。アショーカ王の時代にすでに仏教教団は上座部《じょうざぶ》と大衆部《だいしゅぶ》の二系統に根本分裂していたようである。分裂の原因は、ヴァジ族の「十事《じゅうじ》の非法《ひほう》」(1)という伝説があるように、主として細かい戒律上の規定の遵守《じゅんしゅ》をめぐっての保守派と弾力的現実派との態度の相違にあったとみられる。そしてその後の二百年間に仏教は根本二部・枝末十八部（合わせて「小乗二十部」）といわれるように細かく分派して、部派仏教《ぶはぶっきょう》の時代に入った。

部派はそれぞれに僧院を有し、地方的にも勢力分布の片寄りがあった。多くの部派のなかでは上座部系統の説一切有部《せついっさいうぶ》・犢子部《とくしぶ》・化地部《けちぶ》・経量部《きょうりょうぶ》などが後代への影響からいっても重要である。各部派は存在論・認識論・修行論・仏身論《ぶっしんろん》などいろいろな面でそれぞれ特徴的な教説を掲げ、自説を正統づけるためにそれぞれの立場から従来の聖典を再編纂して、独自の三蔵《さんぞう》を保有しようと努めた。また各部派のあいだで論争もさかんに行なわれた。

国王や地方的支配者、それに富裕な人々からの援助を受けて、僧院において熱心に瞑想・修行に努めながらも複雑難解な教理研究と論議に終始している伝統的仏教諸部派に対する批判として、民衆のあいだからは、これとは異なった新しい宗教運動が起こってきた。マハーヤーナ（大乗仏教）の興起である。直接ではないにしても、思想の傾向としては大乗仏教は大衆部系統から生まれたものといえる。

西暦紀元前一世紀ごろから一般民衆のあいだに芽生えてきたこの新しい宗教運動は、それまでの保守的な仏教のあり方を利己的・独善的なもので、悩み苦しむ大衆の救済とは無縁の存在であるとして、「ヒーナヤーナ（小さな劣った乗物＝小乗）」と貶し、卑しめた。そしてみずからの立場を普遍的な利他行《りたぎょう》を図る「マハーヤーナ（大きな乗物＝大乗）」であると標榜した。中国を経由して六世紀に伝来したわが国の仏教は大乗仏教である。

「ヒーナヤーナ（小乗）」の呼び名は、このように貶称であるので、現在のスリランカ・ミャンマー・ラオス・カンボジア・タイ国の黄衣の南方仏教徒に対して用いることは、失礼にあたる。是非とも「テーラヴァーダ（上座《じようざ》仏教　長老派《ちようろうは》仏教）」の呼称を用いたい。（南方仏教でも、ヴェトナム仏教は中国大乗仏教系である。）

大乗仏教運動形成層の特徴

大乗仏教運動を形成していった状況また支持層には、次のような特徴が見られる。

㈠　仏塔崇拝

大乗経典では仏塔信仰が強調されている。仏塔に安置したほとけの姿やその舎利《しやり》（遺骨・遺品）を中心に日々その供養を行ない、信仰を深めていった信者のグループと説法師のなかから、大乗仏教の運動が発展していったとする説が近年有力である。

㈡　仏像・仏画の製作

ほとけを具体的に表わしたかたちで崇拝したいという人々の要求から、西北インドのガンダーラ地方や中央インドのマトゥラー地方でほぼ同時発生的に仏像が製作されて仏塔の内部に安置されたり、天井・周壁・柱に仏画が描かれたりした。

㈢　仏宝への供儀・歌舞献供の容認

この具象化された仏のすがたに対しての花・香・供物《くもつ》・幢幡《どうばん》などの供養《くよう》とそれに伴った儀式の発達、また歌舞音曲の献供などが容認されたのも大乗仏教においてである。旧来の僧団仏教においては歌舞などに僧侶がたずさわることは固く禁止されていた。

㈣　在家《ざいけ》主義の強調

出家《しゅつけ》中心の旧来の僧団仏教に対して、大乗では在家の民間人の宗教的要望が中心となり、これに応じて仏の救済を説いた。当然、僧や寺院中心よりも、仏中心となり、人々の現実の関心事である現世《げんせ》利益《りやく》が説かれるようになった。またサンガ（僧伽《そうぎゃ》・僧団・教団）に所属した従来の僧ではなく、非僧非俗の指導者が、信者や巡礼者などの民衆に直接に接している説教師などのあいだから生まれてきた。

㈤　讃仏文学や仏伝文学そして新しい経典の成立

ほとけの功徳を讃え、自分たちの信仰の固さを確かめ合う讃仏文学が、当時の民間伝承や説話・英雄譚《たん》から取材して、民衆の好みに合う形で作成された。仏伝も、歴史的なブッダの事蹟を超えて、より偉大に、より美しく語られるようになった。経典も、ゴータマ・ブッダの実際の説法を正確に伝承し記録する意図とは別にそれから離れて作成されるようになった。釈尊が自分に乗り移ったような霊的な思いと信仰確信から、次々とほとばしり、たぎり沸《わ》くことばを経典作者が語り、書き記したのが、大乗経典である。みずからほとけの精神を体得したことに微塵の疑惑をもたなかったこれらの経典作者は、自分のことばを「仏の金口《こんく》説法《せっぽう》」と名づけていささかの懸念も躊躇《ちゅうちょ》も感じなかった。かくて膨大な数量の大乗経典が仏滅後五百年から八百年を経て登場することになる。

(六) 経典の読誦・書写の功徳と呪文の発達

大乗仏教の教化は、当時の民衆の要望および気質に適合する形で進行した。長期間にわたる修行や難解な教理の学習会《え》得《とく》に代わって、礼拝・巡礼あるいは経典の読誦や書写、または富財の布施・寄進が、みずからのさとり・救いの道として功徳・効果があるとしきりに説かれた。ブッダが禁じた病い治し祈禱・まじない・占い・呪願なども大衆教化に積極的に取り入れられた。これらの迎合的ともいえる教化策は、大乗仏教の普及にきわめて有効であったが、のちの大乗仏教のインドにおける堕落・衰亡の遠因になったことも否定できない。

大乗仏教の教理的特徴

修行の期間とさとりの結果

大乗仏教の主張するところによれば、小乗の修行とは、三大阿僧祇劫《さんだいあそうぎこう》という、気が遠くなるような長い期間にわたって厳しい積み重ねを行なうものであった。そして得られるのは阿羅漢《あらかん》（声聞《しょうもん》）果《か》とか縁覚地《えんがくぢ》という、自身の完成・自分だけの解脱の境地である。これに対して、大乗の仏果とはこのような長い期間にわたっての修行は前提条件とはされていない。信にもとづき、決意と同時の即得のものであった（初発心時《しょほっしんじ》便成正覚《べんじょうしょうがく》）。そして目指す目的は、みずからの完成・解脱に満足することなく、他者の救済にあった。声聞乗・縁覚乗に対する菩薩乗《ぼさつじょう》の優位が強調された（三乗と一仏乗）。

慈悲・利他行《りたぎょう》による衆生済度《しゅじょうさいど》（菩薩行《ぼさつぎょう》の実践）

大乗仏教は、慈悲の精神に立脚している。慈悲とは、友のごとく他者に利益と安楽とを与え（マイトリー　慈）、他者のうめき声とともに悩み、不利益と苦悩を除去しよう（カルナー　悲）と努める「抜苦与楽《ばっくよらく》」の行為と解せられる。大乗の修行を行なう求道者《ぐどうしゃ》はボーディサットヴァ（菩薩）と呼ばれた。かれは生きとし生けるものをすべて救おうとする誓願を立てる。この誓願は広大な慈悲心にもとづくものであるので、大悲願《だいひがん》と呼ばれる。かれはありとあらゆる方便手段を用いて、苦しみ悩む他者を救おうとする。大乗の真の求道者はみずからはニルバーナ（涅槃《ねはん》）の楽しみに入ることがない。苦しみ悩む他者を前にして、どうして自分だけが一人さとりの安楽に到達し、安住することができようか。菩薩は生死輪廻の泥のなかにとどまって、他者の済度《さいど》に努める。かれにとっては、利他の実践を通じてのみ自利が成り立ち得るのであった。大乗の別名は「菩薩乗」である。

仏陀観（仏身論）の変遷

初期仏教において、仏とはゴータマ・ブッダその人を指していた。しかし、時代の経過とともに、ブッダの理想化・超人化が進められた。利他・衆生済度の救済者としての存在である複数の仏そして菩薩が信仰されるようになった。またゴータマ・ブッダが悟った法という真理こそ仏の本質であり、人間としての身体（肉身・色身《しきしん》）を備えた歴史上の人物以上の存在であるという、仏の本質についての思考が深まると、法身《ほっしん》（ダルマ・カーヤ）の思想が現われる。

「縁起の理法は、如来がこの世に出ようと出まいと、法として確立している。」と説かれるように、真理（法）は、人であるほとけを超えて存在する。法身仏《ほっしんぶつ》とは、法そのものが仏の身体となっているという考え方であった。永遠不変の法を悟った存在は、歴史上のゴータマ・ブッダ以前にも、以後にも、また同時に他の場所で生起していることも可能であることから、大乗仏教では、三世・十方に多数の仏があって、衆生の済度《さいど》にあたっていると説かれ、色身・法身の二身説や、法身・報身《ほうじん》・応化身《おうけしん》の三身説、さらには四身説、五身説と複雑に展開されるにいたった。時間的・空間的限定を超えた存在である仏が永遠の昔に悟りを開いて常に衆生を教化しており、人間としての釈尊は方便としての姿にすぎないとする『法華経《ほけきょう》』の「久遠実成《くおんじつじょう》の本仏《ほんぶつ》」や、「一仏一切仏」の相即を説き森羅万象に仏を見る『華厳経《けごんきょう》』の毘盧舎那仏《びるしゃなぶつ》、『阿弥陀経《あみだきょう》』の説く願生《がんしょう》の阿弥陀仏、さらには密教の曼荼羅《まんだら》における数千の諸仏などと、大乗仏教の仏身論・仏陀観は多岐にわたる。

空の思想

初期大乗仏教の代表的経典である『般若経《はんにゃきょう》』には、一切諸法が空であり、固定的な実体性をもつものはなにも存在しないという「空《くう》」思想が主張された。空（シューニヤ）とは、「うつろな」・「実体性を欠いた」ことで、サンスクリット語ではゼロ（零）の意味である。ゼロは単純な有ではなく、単純に無ともいいきれず、有でも無でもありえて、また有でも無でもない。基準の取り方でそれぞれ異なるという矛盾したあり方を示す。すべて他との相対の関係においてはありえても、関係を離れてのそれ自体の独自の実体性はない。先行する部派仏教時代には無我《むが》を説きながら法の実有《じつう》の議論がなされていた。大乗では、有無を超えた形で、諸法の他に条件づけられ、その関係において成立している、我と法の「空《くう》」としての性格が強調された。

すべてが固定的実体性を欠如しているならば、無知と知恵も、染汚《ぜんお》と清浄《しょうじょう》も、迷いと悟りも、煩悩《ぼんのう》と解脱《げだつ》も、輪廻《りんね》と涅槃《ねはん》も、凡夫《ぼんぷ》と如来《にょらい》も、すべて絶対的な差異ではなくなる。

空を観ずる方法（空観《くうがん》）は、否定に拘泥《こうでい》せずに、その否定をも否定する立場である。これは固執・定着を排除する客観姿勢であるとともに、それぞれの時点においては、きわめて積極的な参与の実践姿勢を生み出す。輪廻と涅槃とがそれ自体としてはなんら異なるものを互いに持ち得ないならば、今のわれわれの現実が理想の境地でなければならない。涅槃は現在のわれわれの迷いの生存を離れては存在しえない。現実の人間生活を通じ、これを介し、まさにこの内に実現されるのが涅槃でなければならない。涅槃についても、これを死後とか、修行の完成といった、はるか彼方に置かずに、「いかなる時・何処《どこ》でもの涅槃（無住処涅槃《むじゅうしょねはん》）」の思想が現われるのも、大乗の空観思想を経過することによってであった。

他力《たりき》・易行道《いぎょうどう》

大乗仏教の興起は、ヒンドゥー教における最高神の恩寵と救済信仰やバクティ（信愛）思想の高揚してくる時代と重なる。阿弥陀仏《あみだ》・弥勒仏《みろく》・観音菩薩《かんのん》・地蔵菩薩《ぢぞう》などの有力な救済主をひたすらに崇拝し、その慈悲にすがり、もっぱらその恩寵に恵まれて救われる（また、弥陀《みだ》の極楽浄土《ごくらくじょうど》に往生できる）という、他力の（往生《おうじょう》）思想が大乗仏教になると現われてくる。身を苦しめる苦行や長期にわたる学問に自分自身の努力と修練を重ねる自力《じりき》の難行道《なんぎょうどう》に代わって、念仏《ねんぶつ》・称名《しょうみょう》に代表される信の表明を重視する易行道《いぎょうどう》が、『浄土経典《じょうどきょうてん》』にもとづいて発達した浄土教を中心に、宣布されるようになる。

仏性《ぶっしょう》・清浄法界《しょうじょうほっかい》・如来蔵《にょらいぞう》

すべての衆生には本来的に清浄なこころが備わっていて、仏（＝如来）となる可能性を具備している（一切衆生悉有《しつう》仏性）。煩悩にまとわれている凡夫のなかに、衆生の本来備えている自性清浄心《じしょうしょうじょうしん》を見出し、悟りを得る種子《しゅうじ》・力として理解して、これを仏性とか如来蔵（如来の胎児）と呼ぶ。『大般涅槃経《だいはつねはんぎょう》』や『勝鬘経《しょうまんぎょう》』の如来蔵思想がこれである。染《ぜん》・浄《じょう》を一つと見る空の思想に根拠を置きながら、法身・仏性の究極的実在性の本有の方に力点を傾けることで、このインド大乗仏教の後半になって現われた思想は、妙有《みょうう》を説く密教に連なるものを示している。

大乗仏教の系統

玄奘《げんじょう》の『大唐西域記《だいとうさいいきき》』の記録から、七世紀中葉のインドで当時、小乗寺院六割・大乗寺院二割四分・大小乗兼学寺院一割六分の分布であったことを知ることができる。

われわれが想像するのとは異なって、大乗仏教が圧倒的優勢となった事実はインドにはなかったと思われる。

それにインド大乗仏教においては、中国・チベット・日本の場合と異なって、宗派の意識はあまり明確には発達しなかった。大乗仏教には、宗派というよりもむしろ学派的なものとして、中観派《ちゅうがんは》・瑜伽行唯識派《ゆがぎょうゆいしきは》があった。

㈠　中観派

中観派の祖ナーガールジュナ（龍樹《りゅうじゅ》　紀元後三世紀初頭）は『中論《ちゅうろん》』において、「八《はっ》不《ぷ》」を説いて一切諸法の否定的性格を明らかにした。とくに『般若経《はんにゃきょう》』の空を縁起生《えんぎしょう》で基礎づけて「縁起→無自性《むじしょう》→空」の流れで諸法の実有性《じつうせい》の否定（空性《くうしょう》）を明確にしたことや、勝義諦《しょうぎたい》・世俗諦《せぞくたい》の二諦《にたい》や、空《くう》・仮《け》・中《ちゅう》の三諦《さんたい》の説示によって究極的真理がいかに世間的なあり方をもちうるかを中道《ちゅうどう》思想（中観《ちゅうがん》）として理論づけたことは、かれの功績であり、後代の大乗仏教教理の展開に決定的影響を及ぼした。五世紀末には、かれの学系からプラーサンギカ（帰謬論証派《きびゅうろんしょうは》）とスヴァータントリカ（自立論証派《じりつろんしょうは》）の二系統が生まれたことを、チベットの伝承から知ることができる。

㈡ 瑜伽行唯識派

四世紀から五世紀にかけて活動したマイトレーヤ（弥勒《みろく》）、アサンガ（無著《むぢゃく》）、ヴァスバンドゥ（世親《せしん》）の学問系統では、われわれの日常経験する事象はすべてこころが作り出したイメージ（相《そう》）にすぎないとし、さらにすすんで、こころそのものも存在せずに、すべてはイメージを作るもの（能取《のうしゅ》）と作られるもの（所取《しょしゅ》）の仕組みに還元されるという、ヴィジュニャプティ・マートラター（唯識性《ゆいしきしょう》）の理論を主張した。認識と存在との関係を「三性《さんしょう》」説で理論づけて、諸事象を現象せしめる原動力として、アーラヤ識（阿頼耶識《あらやしき》　根本蔵識《こんぽんぞうしき》）を創案している。唯識の理論は、元来が禅定瞑想を実践した修行者の観想《かんそう》体験に基盤をおいていたことから、この学系をヨーガーチャーラ（瑜伽行）派とも呼ぶ。これは、玄奘《げんじょう》・窺基《きき》を通じて日本の法相宗《ほっそうしゅう》の伝統に連なる。

大乗仏教に対する批判――「大乗非仏説《だいじょうひぶつせつ》」論

江戸時代の末期の大坂懐徳堂《かいとくどう》の学者、富永仲基《とみながなかもと》（一七一五―一七四六）は三十歳のときに『出定後語《しゅつぢょうこうご》』(2)を著わして、痛烈な大乗仏教批判を展開した。かれの説は「加《か》上《じょう》」説と呼ばれる。かれは、大乗経典が「金口《こんく》親しく説くところ」であると主張しているが、「経説《きょうせつ》」多くは仏滅《ぶつめつ》後五百歳の人の作れるところ」であると喝破《かっぱ》して、その実体は後代の人々の「相《あ》い加上《かじょう》」して成立したものにすぎないと論断する。

富永仲基の主張は本居宣長《もとおりのりなが》に注目され、その後には平田篤胤《ひらたあつたね》の『出定笑語《しゅつぢょうしょうご》』に戯画化されて用いられて、当時の風潮であった仏教揶揄《やゆ》に多分に政策的に利用されることになる。

たしかに、大乗仏典の成立史に関する仲基の批判的主張内容は、明治時代以後に西欧の新しい学問研究の資料と方法論に基づいてその影響刺激のもとに開始された近代仏教学研究の成果に照らしても首肯できる点が多い。鎖国日本の伝統的思考の厳しい桎梏《しっこく》の中で、しかも乏しい情報資料しか持たずに、当時これだけの批判ができた仲基に驚嘆する。しかし、仲基の批判精神の鋭さを賞賛するあまりに、その主張の限界を見失うこともまた、正しい仲基評価とはならないであろう。インド思想の大きな流れの一齣《ひとこま》として、大乗仏教を正しく位置づけて、冷静かつ客観的な評価を試みることが、学問的には重要である。

注

（1）仏滅後百年を経過した頃にヴァジ族の比丘たちが主張した戒律上の十種の見解で、討議の結果、仏教の戒律に関する違反行為であると判定された。例えば、この中の「二指浄」とは、「正午を過ぎてしまっていても日時計が二指を過ぎるまでは昼食を食べてもよい」という、仏教戒律に関する違反行為。これらの規定の順守か否かをめぐって、南方仏教教団の中に上座部・大衆部の二部に根本分裂が起きたと言われる。

（2）日本においても十八世紀前半の江戸時代に、富永仲基が仏典を歴史的に研究し、これが「釈尊の教説そのままではなくて、後の仏教徒によって漸次に〈加上〉した結果、成立したものである」という、大乗非仏説論を展開した。近代文献学研究の先駆をなす主張として注目すべきである。

中村元「近世日本における批判的精神の一考察」『中村元選集〔決定版〕』別巻三参照。

12　哲学的思索の深化

——サーンキヤ形而上学とヴァイシェーシカ自然哲学

正統ばらもん教の六派哲学

西暦紀元四世紀にマガダ国から興ったグプタ王朝は南北インドを統一し、安定した国内に、きわめて豊かなインドの古典文化が開花する。社会基盤を確固とするためにばらもん教（婆羅門教　ブラーフマニズム）が国教として採用された。これによって、古来の伝統を継承してきたばらもん教学が一段と整備されることとなった。ばらもん教の用語であるサンスクリット語が公用語として用いられ、思想・文芸、あわせて学術一般・数学・天文学などの科学技術の発展も著しいものがあった。学問のいろいろな分野において学派の系統が確立して、各学派ごとに「スートラ（根本経典《こんぽんきょうてん》）」が作成された。また、これに対する注釈の形式・体系も出来上がり、学問知識が師匠から弟子に正確かつ忠実に伝承される伝統が完成した。インドの学問およそすべてに共通する特徴は、それが「輪廻《りんね》からの解脱《げだつ》」という究極目的を持っており、宗教的色彩を色濃く持っていることである。固有の思想体系を伝承する哲学学派も、宗教の宗派とほとんど区別できない外見を持ち、活動を行なっている。

ヴェーダ聖典の権威を受け入れ、またブラーフマナ（婆羅門《ばらもん》・司祭）階級の社会的階層（いわゆるカーストとして）の優位を容認する諸学派が「正統《せいとう》ばらもん教」として認められた。正統ばらもん教の哲学学派には六系統があって、日本では「六派哲学《ろっぱてつがく》」の呼称で知られている。それらのうちで、サーンキヤ学派はヨーガ学派と、ヴァイシェーシカ学派はニヤーヤ学派と、ヴェーダーンタ学派はミーマーンサー学派と、それぞれ姉妹学派ともいうべき密接な関係にある。

仏教やジャイナ教・アージーヴィカ教などは、正統ばらもん教からは、「ナースティカ（虚無論者）」と呼ばれて異端扱いされた。ただし、正統とされる学派内においても、たとえばヴェーダ聖典を権威として認める程度や、神を想定するか否か、など細部に関しては、意見の相違が存在した。各学派間でそれぞれの正しいと認める価値・世界観・知識論、または論証方法論などを提示して、たがいに論戦を行なっていた。この論戦には、異端とされる仏教徒やジャイナ教徒も参加して、自派の正当性を主張して論陣を張っている。このような自由な論戦を可能にした原因としては、グプタ王朝時代のインドにおける学術全般の進展と、とくに論理学の知識の発達と普及が挙げられるだろう。

世界生成・因果関係についての三説

十五世紀ころにマドゥスーダナ・サラスヴァティー(1)によって著述された哲学綱要書『種々なる道』に説くところによると、世界の生成および因果についてのインドの伝統的考え方には、大きく分類して三種類ある。

(一) パリナーマ・ヴァーダ(転変《てんぺん》・開展《かいてん》説)

世界はある一つの原因から展開し、あるいはこのものが変化して形成される。この考え方は因果論としては、原因のなかにすでに結果が潜在していると考える因中有果《いんちゅううか》論《ろん》になる。原因は結果と、本質を同じくするものであって、結果とは原因とまったく別のものが独立して成立したものではない。ヴェーダ・ウパニシャッドの思想に見られる一元論的思考などもこれに含まれ、インドに古くから根強く存在する思考傾向である。六派哲学のなかでは、根本原質からの世界開展を説くサーンキヤ学派・ヨーガ学派の学説に代表される。

(二) アーランバ・ヴァーダ(積集《しやくじゆう》・集合説《しゆうごうせつ》)

世界は、異なった性質を持つ無数の原子の集合から形成される。原因は結果とはまったく別個のもので、原因の集合・活動によって、それ以前には存在しなかった結果が新しく生起すると考える因中無果論《いんちゆうむかろん》である。六派哲学のなかではヴァイシェーシカ学派・ニヤーヤ学派の多元論が代表的であり、ミーマーンサー学派もこの立場をとっている。ジャイナ教の原子説や仏教の五蘊《ごうん》説もこれに分類される。

(三) ヴィヴァルタ・ヴァーダ(化現《けげん》・仮現《けげん》説)

世界は、無明《むみよう》(根源的無知)から仮に現出してきたものであって、本来はマーヤー(幻)のように迷妄であって実在しないとする説。因果論としては、因中有果論《いんちゆううかろん》の一形態であるが、結果の実在性を否定している点に特徴がある。シャンカラのヴェーダーンタ学説に代表される。大乗仏教の唯識《ゆいしき》説もこれに分類されよう。

サーンキヤ学派の二元論

サーンキヤ学派の名は、サンキヤー（数《かず》）に由来するとされ、漢訳では「数論《すろん》」と訳される。また、この学派が、世界の構成要素を数え上げて、省察・探求を加えることから、この名で呼ばれるようになったと解釈されている。伝説上の開祖はカピラ（西暦紀元前三五〇―前二五〇年ころ）と伝えられるが、現存する最古の原典は西暦紀元後四、五世紀のイーシュヴァラクリシュナの『サーンキヤ・カーリカー（頌《じゅ》）』である。

サーンキヤ哲学の特徴はその徹底した二元論にある。ウパニシャッドにおいては唯一の絶対原理であるサット（有《う》）が想定されていた。サーンキヤ哲学では、この唯一者に代わって、二つの究極的実体原理を世界の根源に想定している。すなわち、精神原理としてのプルシャ（純粋精神）と、物質原理としてのプラクリティ（根本原質《げんしつ》）である。

プルシャの本質は純粋に知のみである。それ自体は常住不変、純粋清浄であって、なんらの生産・活動を行なうことがなく、ただプラクリティを観照《かんしょう》するにとどまる。このプルシャは、原子大であって多数存在すると考えられている。

根本原質プラクリティは、世界形成の質料因であり、まったく非精神的な物質原理である。これは唯一であり、活動性・生産性を有する。世界開展はもっぱらこの根本原質の側で起きる。

世界開展の始まる前の根本原質には、サットヴァ（純質《じゅんしつ》）・ラジャス（激質《げきしつ》）・タマス（闇質《あんしつ》）という三つのグナ（要素）が互いに均衡がとれた静止状態にある。プルシャの観照を機会因として、ラジャスの活動が起こると、三つのグナの間のバランスがくずれて、世界の開展（パリナーマ）が開始される。まず、根本原質からブッディ（覚《かく》、知のはたらきの根源状態）が展開して生じる。これは認識・精神活動の根源であるが、本来が物質原理から生じたものであって、純粋精神とは別個の、身体内の一器官として考えられている。

ブッディのなかのラジャスが活動することによって、さらに開展が進行して、これからアハンカーラ（自我意識《じがいしき》）が生じる。これは自己への執着を特質としており、個体意識・個別化を引き起こす要因となっている。この自我意識も、元来が純物質的なものでは、人間の身体のなかの一器官とされている。本来が物質原理から生じたブッディを、「純粋の精神原理で物質性をおよそ有しないプルシャである」と、この自我意識は誤認してしまう。これが、われわれの輪廻の原因となっている。

自我意識のなかの三要素の均衡がラジャスの活動によってくずれると、これから五感覚器官・五行動器官・思考器官・五微細要素が開展して生じてくる。五感覚器官とは、視覚器官（眼）・聴覚器官（耳）・嗅覚器官（鼻）・味覚器官（舌）・触覚器官（皮膚）である。五行動器官とは、発声器官・把捉器官（手）・歩行器官（足）・排泄器官・生殖器官である。思考器官（マナス　意）は思考作用を本質とする。五微細要素（タンマートラ　唯《ゆい》）は、五感覚器官に対応する対象領域のことで、声唯《しょうゆい》（聴覚で聞かれる音声）・触唯《そくゆい》（触覚で知られる感じ）・色唯《しきゆい》（視覚で見られるいろ・かたち）・味唯《みゆい》（味覚で捉えられる味）・香唯《こうゆい》（嗅覚で感受される香臭）であり、この五微細要素のそれぞれから、五元素（空大《くうだい》・風大《ふうだい》・火大《かだい》・水大《すいだい》・地大《ちだい》）が生じる。

以上のプルシャ・プラクリティ・ブッディ・アハンカーラ・十一器官・五唯・五大の諸原理を合わせて、「二十五の原理（二十五諦《たい》）」と呼ぶ。

サーンキヤ思想の特徴

三要素説

サーンキヤ思想の特徴の一つは、三要素（トリ・グナ 三徳《さんどく》）説であり、他への影響も大であった。純質《じゅんしつ》は喜楽を本性として、照明の作用を有し、色としては白色である。激質《げきしつ》は苦憂を本性として、衝撃・活動の作用を有し、色としては赤色である。闇《あん》質《しつ》は暗愚を本性として、抑制・隠覆の作用を有し、色としては黒色である。これらの三要素が拮抗《きっこう》・均衡《きんこう》をたがいに取り合うことによって、自然界の諸現象や、人間の心身の状態とか性格の違いなども生まれると説明される。

精神と物質の峻別

純粋精神プルシャは、まったく無活動・無属性・非変異の存在である。世界の開展はもっぱら根本原質プラクリティからである。三要素の均衡や活動も根本原質以下の被開展物の側に存在して、プルシャには存在しない。人間の認識・意志・精神活動も本来が物質的な開展である。人間が、これを「プルシャである」と勝手に誤認して、関係づけているにすぎない。

純粋精神プルシャは、根本原質プラクリティを観照することによって物質と結合し、物質に限定づけられることによって、本来の純粋清浄性を発揮できずに、苦を経験し、輪廻に纏《まと》われた存在となる。

といっても、輪廻の主体を形成するのは、リンガ（微細身《みさいしん》）である。これは、ブッディ・自我意識・五微細要素の結合から構成される。輪廻から解脱するためには、純粋精神プルシャを汚れから清めて本来の純粋清浄性を現出させるようにしなくてはならない。そのためには、人は「二十五の原理（二十五諦《たい》）」の知識を明確に正しく獲得し、ヨーガの修行を行なわなければならない。

プルシャそのものは本性上すでに解脱した清浄なものなのである。輪廻も解脱も根本原質プラクリティおよびその開展の過程でできた微細身に関わっていて、プルシャそれ自体にはなんの変化もない。プルシャの観照《かんしょう》がなくなり、根本原質からの開展が止息したとき、根本原質と完全に分離できたプルシャは、独り在るものとなり、本来の純粋精神性を発揮する。

サーンキヤ哲学においては、究極的実在体とはこの二元のみである。世界の開展もプルシャの観照を受けた根本原質からはじまり、世界の帰滅もまたプルシャとは乖離《かいり》した根本原質に終わる。そこには創造神・主宰神の存在を想定する余地がない。

このように論理的一貫性をもって二元論を執拗《しつよう》に追求した例は、世界の思想史の上で稀有《けう》の試みということができる。

ヴァイシェーシカ学派の原子論

この世界が複数の構成要素（原子）の集合から形成されているという、アーランバ・ヴァーダ（積集説《しゃくじゅうせつ》）を代表するのは、ヴァイシェーシカ学派の多元論的世界観である。

ヴァイシェーシカという学派名は、ヴィシェーシャ（特殊・区別）という語に由来する。漢訳仏典では「勝論《かつろん》」とか「勝宗《しょうしゅう》」と翻訳された。

開祖はカナーダ別名カナブジュまたはウルーカ（西暦紀元前二世紀ころ）とされ、根本経典『ヴァイシェーシカ・スートラ』（西暦紀元後一・二世紀成立）が現存する。

この学派では、実体（実《じつ》）・属性（徳《とく》）・運動（業《ごう》）・普遍（同《どう》）・特殊（異《い》）・内属（和合《わごう》）という六種のパダールタ（六句義《ろくくぎ》・範疇《はんちゆう》領域・原理）を設定して、これによって現象界の諸事物がどのようにして形成されているかを、分析解明しようとする。そして、これらの六原理は単なる概念ではなく、実在するものであると、この学派では考えていた。

実体とは、地・水・火・風の四元素（四大《しだい》）と虚空《こくう》と時間と方角とアートマン（我《が》）とマナス（意《い》）の九つである。

四元素はそれぞれ原子（極微《ごくみ》）からなる。原子は球体状であり、無数で不滅であり、分割できず、微細であって直接知覚されることがない。原子は二つ以上が結合して複合体を形成して、われわれが現実に知覚できるものとなるが、これらの複合体は無常であり、破壊され変化するものである。

虚空は、すべてのものに存在と運動の場を与える。唯一・常住・遍在の実体であるが、みずからは運動性を有しない。その特有の性質は音声である。

時間は、認識主観に前・後・同時・非同時・遅・速の観念を起こさせる、唯一・常住・遍在・非運動の実体である。特有の性質はないが、一切の無常なる存在物の原因となっている。

方角は、具体的には四方四維《しほうしい》を指すが、認識主観に遠・近・前・後の観念を起こさせる、唯一・常住・遍在・非運動の実体である。

アートマン（我）は、常住・遍在・無始の実体で、「われ」という観念を起こさせる、人間の主体であり、霊魂に相当する。アートマンが存在することによって、人間に呼吸・瞬目《しゅんもく》・生命・思考の運動が起きる。また人間に知覚作用や快不快・欲求・嫌悪・意志的努力などのはたらきができるのも、アートマンの存在を立証する。アートマンは元来は唯一であるが、時空の限定を受けて各個人に一つと個別化して現われている。

マナス（意）は、身体のなかにただ一つ存在する実体で、原子大の物質であって、きわめて早く移動する。マナスが存在することによってはじめて、感覚器官と対象とが接触した際に、対象からの印象が知覚となってアートマンに伝達されて、認識が成立する。

属性としては、色・香り・味・可触性・数・量・別異性・結合・分離・かなた性・こなた性・知覚作用・快感・不快感・欲求・嫌悪・意志的努力の十七を設定している。

運動には、上昇運動・下降運動・収縮運動・伸張運動・進行運動の五種を認める。

普遍とは、概括作用で、多数の事物のあいだに共通している属性・一般性のことである。外延《がいえん》を無限に広げていくと、ついには普遍化の極限である有性《うしょう》に到達する。普遍には、これを他と区別する特性（特殊）をまったく含有しない。

特殊とは、ある事物を他から区別する属性・特殊性のことである。特殊を追求すると、ついには個物に到達するが、普遍をまったく含まない、極限における特殊は原子のなかに存在する。有性と極限の特殊の中間では、標準の立て方によって、同一のものが普遍とも、特殊にもなる。

内属とは、属性と運動と普遍と特殊との四原理が、実体に不可分に内属していることから、この関係を可能とさせる原理を独立させたものである。「これにある」という観念が起こる原因となるものである。

以上の普遍・特殊・内属の三者は論理的関係・空間的因果関係を説明する原理を実体視したものということができる。

このように、ヴァイシェーシカ学派は、現象界の諸事物の構成に関して、多数の範疇を設定しながら、分析し、説明しようと試みた。細部にわたって分析された諸範《しょはん》疇《ちゅう》や諸原子が統合されて、現実の世界とその諸事物を形成するために不可欠な最初の運動を惹き起こす動力因・「神の最初の爪弾《つまび》き」ともいうべきものとして、この学派では「アドリシュタ（不可見力《ふかけんりき》）」を想定している。

これらの六実体原理・諸範疇についての正しい知から、生天《しょうてん》と解脱《げだつ》という至福が獲得されるとしている点では、このきわめて分析的・科学的様相を呈したインドの自然哲学も、究極的には敬虔な宗教的な姿勢を保持するものである。

ヴァイシェーシカ哲学と類似の多元論的世界観は、ジャイナ教の「五実在体」にも、初期仏教の「五蘊《ごうん》・十二処《じゅうにしょ》・十八界《じゅうはっかい》」にも、説一切有部《せついっさいうぶ》の「五位七十五法《ごいしちじゅうごほう》」にも、唯識《ゆいしき》の「五位百法《ごいひゃっぽう》」にも看取される。分析的思考と範疇論的思考という、インドにおける思考傾向の中にあって顕著で大きな流れの一特徴を示すものである。

なお中国仏教においては、仏教以外のインド思想（外道）に対する翻訳はほとんど手がけられることはなかったが、サーンキヤ思想を述べる『金七十論《きんしちじゅうろん》』と、ヴァイシェーシカ思想を扱った『勝宗十句義論《しょうしゅうじゅっくぎろん》』の二点が漢訳大蔵経に収録されていること(2)は例外的であり、六世紀のインド思想の状況を示す正確で貴重な研究資料となっている。

注

（1）Madhusūdhana-Sarasvatī　十五世紀ごろのインドで、バラモン教の伝統的な哲学思想を通観的に論述した『種々なる道 *Prasthāna-bheda*』の著作者として知られる。宇井伯壽によって詳細な解説を付して、和訳されている。宇井伯壽『印度哲學研究』第四（岩波書店、一九六五年）四三五―五七五頁

（2）『金七十論』真諦訳、『大正新脩大蔵経』第五十四巻、一二四五―一二六二頁
『勝宗十句義論』勝者慧月造・玄奘訳、『大正新脩大蔵経』第五十四巻、一二六二―一二六四頁

13　論理学と言語分析

——ニヤーヤ学派と仏教の論理学およびミーマーンサー学派の祭事哲学

ニヤーヤ学派の論理学

インドにおいて、正しい論証方法・論理学についての関心は、古くまで遡ることができる。西暦二世紀ころの名医チャラカの著わした『チャラカ・サンヒター』(1)には、当時の医師の心得として「論議の道」が四十四項目にわたって分類され、検討されている。

論理学を意味する語としては、ニヤーヤ（正理《しょうり》）、タルカ（思弁《しべん》）、ヘーツ・ヴィディヤー（因明《いんみょう》）、アーンヴィークシー（探求《たんきゅう》）が相当する。後代になると、プラマーナ（量《りょう》・正しい認識方法）の語が多用されるようになった。

正統ばらもん教学派のなかでは、論理学研究を自派の名前として冠しているニヤーヤ学派が、この分野の学問を専門的に組織づけた。開祖ガウタマ（足目仙《そくもくせん》　西暦五〇一一五〇年ころ）作と伝えられる根本経典『ニヤーヤ・スートラ』が現存するが、この経典が現形に編纂されたのは西暦二五〇―三五〇年のことと考えられる。四世紀中葉のヴァーツヤーヤナの注釈によって、この学派の体系が確立した。

ニヤーヤ学派の存在論・形而上学の部分は、その大半をヴァイシェーシカ説に依拠している。この学派が独自性を発揮したのは、やはり論証方法の研究分野においてである。インドにおいて論理学は、つねに認識論と密接な連帯関係において発達しており、ニヤーヤ学派における論証方法の検討も、その主眼点は、「正しい認識とはいかにあるべきか」という、認識方法の手続きの確立にあった。正しい知識を得るための認識方法としては、唯物論者は直接知覚のみ一種しか認めず、ミーマーンサー学派のクマーリラは六種を主張するなど、種々の学説が存在したが、ニヤーヤ学派では、次の四種の認識方法を主張する。

（イ）直接知覚　感覚器官と対象との接触によって生ずる、直接的で誤りのない知識

（ロ）推論　直接知覚で得られた知にもとづく推理によって獲得される新しい

（ハ）類比　以前からよく知られた事物との類比にもとづいて獲得される、新しい事物についての知識。例えば、「水牛とは牛のようである」と教えられて、後で水牛の実物を見て、これを「水牛である」と知る場合が、この知識に該当する。仏教論理学派は、これを推論の一種とする。

（ニ）信頼できる人の教示・証言　これには、経験できる事柄についての知識と経験できない事柄についての知識とがあり、ヴェーダ聖典のもたらす知識は後者である。仏教論理学派は、（ニ）のすべてを推論の一種とする。

ある事柄の論証にあたっては、対論者も承認する一般的定説に従う場合と、そうではない特殊な立場の学説である場合とがあるが、他との論争において、推論は「五分《ごぶん》作法《さほう》」と呼ばれる論式にしたがって立証されなければならない。五分作法とは次のようなものである。

（一）主張（宗《しゅう》）あの山は火を有するものである。

（二）理由（因《いん》）煙を有するものであるが故に。

（三）実例（喩《ゆ》）なにものであれ、煙を有するものは火を有するものである。

例えば竈《かまど》のごとし。

（四）適用（合《ごう》）煙を有するものである竈のように、あの山もまた同様である。

（五）結論（結《けつ》）故に、あの山は火を有するものである。

この場合において、「あの山」と「火」との関係は主辞《しゆじ》と賓辞《ひんじ》という名辞《めいじ》関係ではなくて、性質を有するもの（ダルミン・有法《うほう》）と性質（ダルマ・法）という具象的事物関係である。事物関係には経験的判断が介入してくるので、形式論理学における名辞の周延《しゆうえん》関係だけで論理を把捉する名辞論理とは異なってくる。論争においては、主張者（立者《りつしや》）と反対主張者（敵者《じやくしや》）がそれぞれこの五分作法に従って対論・論議する。理由を根拠にして、それが実際に妥当するか否かを検討し、妥当すると確定した場合に、ある事柄の真実が知られたと決定できるのである。

さらにニヤーヤ学派は、誤った理由概念（似因《じいん》）・詭弁・不当な非難・論争における敗北など、論争の手続きを詳細に論じている。

インドの論理学書には、開巻冒頭に学芸の神ガネーシャへの帰依文が述べられていたり、つづいてこの世の苦悩から解脱するための修道論が展開されていて、形而上学書・宗教経典の色彩を濃く示している。

仏教論理学の展開

仏教においても、二世紀のナーガールジュナ（龍樹《りゅうじゅ》）の『廻諍論《えじょうろん》』(2)より早い時代に、小乗の論師によって『方便心論《ほうべんしんろん》』(3)が著述されている。漢訳でのみ現存する本書には、論議の方法論を中心に、四章に分けて詳しく論ぜられている。

中観仏教においては、空性《くうしょう》を論証するための推論式が示されている。空《くう》そのものは論理的思考の及ばないものであるので、勝義《しょうぎ》の立場では論理学は否定される。しかし、世俗《せぞく》の立場では空性は論理によって証明されうる。バヴィヤ（清弁《しょうべん》）は、空性論証に伴う否定判断を非定立的《ひていりつてき》否定であると規定して、それまでの否定的表現の明確化を試みた。

唯識《ゆいしき》論書においても、『瑜伽論《ゆがろん》』(4)・『如実論《にょじつろん》』(5)などに論理思想が多く言及されている。五世紀のディグナーガ（陳那《じんな》）の出現によって、仏教内部に論理学が学問として確立したばかりでなく、正統ばらもん教をふくめたインドにおける論理学研究全体において、仏教論理学が重要な地位を占めるようになる。もちろん、論理学は普遍的な学問であるべきもので、仏教論理学とか、東洋論理学といった、特別のものが他と異なって存在することはない。誤った論理思考は、仏教徒にとっても西欧人にとっても誤りである。ここでいう「仏教論理学」とは、正しい論理的思考方法に関しての仏教徒の主張する体系の学問という意味である。

仏教の論理学研究は「因明《いんみょう》」と呼ばれる。ディグナーガ以後の論理学はとくに「新因明」と呼ばれた。ディグナーガは、上述の「五分作法《ごぶんさほう》」の推論式を批判的に検討した。この論式によるかぎり、形式論理学の三段論法の媒概念《ばいがいねん》に相当する理由（因）が、一度も周延《しゅうえん》されていないことから、この論式を論理的に確実にするために、媒概念として具備すべき条件を吟味する必要があった。ディグナーガによって、これに代わって宗《しゅう》・因《いん》・喩《ゆ》の「三支作法《さんしさほう》」が提唱され、「因《いん》の三相《さんぞう》」・「九句因《くくいん》」の吟味が補足導入されて、論証方式が推理として正しく整備されることになった。

ディグナーガと、その後のダルマキールティ（法称《ほっしょう》）の二人によって、仏教論理学は一層の精緻さを加えて、大成される。以後、各派との論争・交流のなかで、お互いに自派の奉ずる価値観・知識論を弁護し、他派の主張を排斥する過程で、ますます研究は活発化し、深化していった。ニヤーヤ学派・ヴァイシェーシカ学派・ミーマーンサー学派・ジャイナ教の諸学者がそろって、ディグナーガやダルマキールティの論理学体系に強く影響を受けながらも、これに反発し、論破の努力を続けている。以後、交流と論戦は時代を追ってさかんになり、議論の内容は微に入り、細にわたるが、十一世紀になって仏教そのものがインドにおいて衰亡するにいたって、仏教論理学の展開はその段階で留められることになったのである。[6]

ミーマーンサー学派の祭事哲学

ヴェーダ聖典全体は、カルマ・カーンダ（祭事部《さいじぶ》）とジュニャーナ・カーンダ（知識部）とに大きく二つに分かれる。前者は、ばらもん教の祭祀《さいし》を説いている部分であり、ヴェーダ本集《ほんじゅう》（サンヒター）とブラーフマナ（祭儀書《さいぎしょ》）が文献としてはこれに相当する。後者は宇宙万有に関する哲学的考察を論じている部分で、主としてウパニシャッド文献がこれに相当する。祭事部に関しての学問を、カルマ・ミーマーンサー（祭事ミーマーンサー）、またはプールヴァ・ミーマーンサー（前《ぜん》ミーマーンサー）と称して、この学問の伝統からミーマーンサー学派が成立した。他方、知識部に関しての学問は、ブラフマ・ミーマーンサー、またはウッタラ・ミーマーンサー（後ミーマーンサー）と呼ばれて、ヴェーダーンタ学派がこれを担当した。これら二つの学問は、仏教における事相学《じそうがく》と教相学《きょうそうがく》の二分野(7)のように、総合されてはじめて正統ばらもん教の学問全体を構成していた。そこで完全なばらもん教学者は両分野を兼学することが要求されていたが、時代の経過とともに、学問の専門分化が行なわれて、二学派が分立するにいたった。

ミーマーンサーとは、審察・考究の意味である。この学派はヴェーダ聖典に規定されている祭式・儀礼の実行の目的意義の考察、およびその実行の方法についての詳細な考究を行ない、統一的解釈を確立するという、祭事に関する解釈学的研究の学派である。

この学派の伝統は開祖ジャイミニ（西暦紀元前二〇〇―前一〇〇年ころ）にまで遡るが、西暦紀元後一〇〇年ころに現形に編纂された根本経典『ミーマーンサー・スートラ』に基づいて、教理が体系化され、その後六世紀にシャバラスヴァーミンがこれにバーシュヤ（注釈）を著わし、七世紀後半のクマーリラの活躍によって、この一番に正統で厳密、かつ保守的な祭事解釈学の学派伝統が確立して今日にまで継承されている。

『ミーマーンサー・スートラ』は、冒頭にみずからの立場を「ダルマ（法）探求の学問である」と明言して、以下に「ダルマとはなにか？」を論ずる。『スートラ』によれば、「ダルマ（法）とは、ヴェーダの教令《きょうりょう》（チョーダナー）によって規定づけられる、好ましき事柄である。」シャバラスヴァーミンは、法を「繁栄・人間の幸福をもたらすもの」と注釈している。ヴェーダ聖典が規定する祭式を誤ることなく実行するとき、アビウダヤ（生天《しょうてん》）という最高の果報・人間の幸福・繁栄が約束される。祭式の正しい実行には、これを規定するヴェーダ聖典の正しい理解と、さらにはヴェーダ聖典自体が絶対的に正しいことが、必須の前提となる。

ヴェーダ聖典とは天与《てんよ》のもの（シュルティ　天啓聖典《てんけい》）である。神または人間の作者を持たず、無謬《むびゅう》であり、無始以来永遠に存在しており、宇宙の変化・生滅を超越している。修行を積み、霊感を磨きあげた聖仙が感得して、そのことばを記録したものである。シュルティとは「聞こえたもの」を意味する。このようにヴェーダとは、聞こえたことばであるから、ヴェーダ聖典の絶対性・常住《じょうじゅう》性を主張するミーマーンサー学派によって、当然のことながら、ことば（シャブダ）が常住であること（声常《こえじょう》住論《じゅうろん》）が説かれることとなった。

ことば（シャブダ）とは、単なる音声ではない。音声は無常であって、消え去る。これに対して、ことばは音声と意味を媒介するものであって、この結合関係は永遠であり、不変のものである。ことばの意味・観念は先天的なものであり、常住であって、慣習や人間の努力によって変更されない。この永遠不変の意味を負った真実のことばが存在するのはヴェーダの内においてである。これはヴェーダの文となって、人間につねに命令をくだす。これがヴェーダの「教令（チョーダナー）」である。人間はこれに絶対服従しなければならない。ヴェーダが命令として規定づけてくるもの、それが「ダルマ（法）」であり、これに絶対服従することが、人としての「ダルマ（義務）」である。

そして、それに答えて果報がもたらされるダルマ（きまり）は、ミーマーンサー学派によってとくに「アプールヴァ（新得力《しんとくりき》）」と名づけられた。特定の祭事を正しく行なうとき、祭主には一種の潜在余力が形成されて残り、これがのちに果報をもたらす。この祭事行為と果報とを結びつける力が、新得力である。

ミーマーンサー学派では、世界の形成に関してはヴァイシェーシカ学派と同様のアーランバ・ヴァーダ（原子集合説）を執っていて、最高神の存在は想定しない。古来からの多くの神々の存在は認められているが、祭事における供犠《くぎ》の実行と果報の授与とのあいだに、これらの神々が介入することはできない。ただ新得力が善であり、正しいときにのみ、祭主は果報を享受できるとしたのである。

ミーマーンサー学派によって展開された言語の哲学的考察は、「シャブダ・アルタ（ことばの意味）論」として、文法学者の言語の本質に関する研究にも大きな影響を与え、五世紀後半のバルトリハリのスポータ説などを誕生させる基盤となった。以後、中世にいたる、ことばの本質をめぐっての各派間の活発な論争の過程で、言語に関する精緻な哲学的考察がインドにおいて発達することとなった。

注

（1）チャラカは、西暦一〇〇年ごろにインドのタクシラー地方を中心として活躍した、クシャーナ王朝のカニシカ王の宮廷侍医である。彼の著書『チャラカ・サンヒター』は、全八巻一二〇章からなる大著で、その内容の大半は、当時の内科的治療法を論じている。

さらに、八世紀になると、マーダヴァ（Mādhava）の『病気原因論』がまとめられて、その注釈書四点からは発病の原因究明などの作業手続きを介して、インドにおいて合理的・論理的思索が次第に深化していった過程を知ることができる。

矢島道雄編訳『インド医学概論』（科学の名著Ⅱ―1）（朝日出版社、一九八八年）

（2）『廻諍論』、『大正新脩大蔵経』第三十二巻、一三―二三頁

（3）『方便心論』、『大正新脩大蔵経』第三十二巻、二三―二八頁

（4）『瑜伽師地論』、『大正新脩大蔵経』第三十巻、二七九―八八二頁

（5）『如実論』、『大正新脩大蔵経』第三十二巻、二八―三六頁

（6）北川秀則『インド古典論理学の研究――陳那（Dignāga）の体系』（鈴木学術財団、一九六五年、一九七三年）、『講座・大乗仏教9　認識論と論理学』（春秋社、一九八四年）

（7）仏教では、教相学が経典や教理の意味内容の理論的考究と解釈・解説の学問的分野であるのに対して、事相学は修行の威儀・順序・作法など具体的で実際的な考究と伝承の学問的分野であるとする。そして、仏教学習者には、これら二相を車の両輪のごとくに俱修することが理想として求められている。

14 ヨーガの思想と実践[1]

ヨーガ学派と古典ヨーガ

ヨーガ学派とは、心身を鍛錬し、ヨーガの修行による精神統一をはかることによって、解脱に到達することを説く学派である。根本経典『ヨーガ・スートラ』はパタンジャリの権威に帰せられているが、かれについては正確に知られることは少ない。『スートラ』が現在の形に編纂されたのは西暦紀元後二—四世紀のことと考えられる。

インダス文明の印章にヨーガの起源とも見られる姿勢をとるシヴァ神像（?）の存在が学者によって指摘されている。森林に入り、樹下などで沈思黙考に耽る修行形態はインドにおいてきわめて古い時代から行なわれていた。このような修行を行なう人はヨーギン（ヨーガ行者）と呼ばれた。アーシュラマ（四住期《しじゅうき》）[2]説などに見られるように、ウパニシャッドにもヨーガの行法《ぎょうぼう》がしばしば言及されているし、ジャイナ教の苦行においてもヨーガの修行は必須の課程である。仏教においても、悟りを得る前のゴータマが家を捨てて修行者としてまず師事したアーラーラ・カーラーマ仙は無所有《むしょう》処定《しょじょう》という精神統一法をゴータマに教えた。次に師事したウッダカ・ラーマプッタ仙は非想非非想処定《ひそうひひそうしょじょう》という無念無想の境地を教え、これによる輪廻からの解脱を説いたという。正統ばらもん教学の各派も、それぞれの学派特有の教学の会得《えとく》と並行して、ヨーガの修行を実践法として採用している。唯物論チャールヴァーカと祭事に専念するミーマーンサー学派だけが、ヨーガ実修を前提としていないのは、インドではむしろ例外的立場になる。

ヨーガ学派は、このような個々に伝承され、行なわれていたヨーガの実践的修行法を『ヨーガ・スートラ』にもとづいて理論的に体系化し、学問伝承の正統ばらもん教の一学派として構成したものである。これを「古典ヨーガ」といい、十二世紀以後発達した「ハタ・ヨーガ」とは区別する。

ヨーガの語源は動詞語根ユジュ√yuj-（馬を軛《くびき》にかける、つなぎとめる）に由来するとされる。日常生活的なこころのはたらきや、感官の作用を制御して、動揺を静め、散乱を防ぎ、一点への注意力の集中を行なうことに徹して、こころの統一を図り、さらには全人格的思惟統一を達成することを目的とする。『スートラ』自体は、冒頭で「ヨーガとは、心の作用の抑制である。」と、これを規定している。古典ヨーガは、実修方法として次の八階梯を説く。

一　ヤマ（制戒《せいかい》）

こころの集中の準備段階として、不殺生・真実語・不盗・不淫・無所有の五戒《ごかい》を遵《じゅ》守《んしゅ》する。これらは、ほとんどの倫理体系が認めるところであり、ヨーガの実修者だけが守るものではない。また、遵守を実行したとしても、特別のヨーガの状態は生まれないが、これらの遵守によって、俗の状態とは異なった、浄化された心身の状態が形成される。それが、以後の段階に進むために不可欠である。

二　ニヤマ（内制《ないせい》）

ヨーガの実修者は、身体を清潔に保ち、こころから不浄な考えを除去して、飲食・衣服などへの欲望の力を弱め、かつ慈悲を念じる必要がある。このため、（イ）心身を清め、（ロ）満足を知り、（ハ）苦行《くぎょう》を実践し、（ニ）経典を唱え、（ホ）イーシュヴァラ（自在神《じざいしん》）を祈念するという五項目を実践する。

このようにして、心身から日常的なもの・行為の残滓《ざんさい》・残り香をすべて除去し、浄化した上でヨーガの行法《ぎょうぼう》の実践に入る。

三　アーサナ（坐法《ざほう》）

ヨーガの実践には、安定して快適な坐り方をしなければならない。姿勢はそれを保つ努力が消えたときに完全となる。心身の緊張をゆるめて、身体を不動に保ち、こころを無限なものに合一させる。両足を組み、背骨をただし、顎《あご》を引いて、鼻先をみつめる。体位・坐法は、とくにハタ・ヨーガにおいて詳細に八十四種が規定されるようになる。

四　プラーナーヤーマ（調息《ちょうそく》）

次に、呼吸の調整を行なう。通常の場合、人間の呼吸は外的状況や、精神的緊張の存否によって変化する。この不規則性を排除するために、ヨーガの実修においては、呼吸の流れを絶えさせる訓練をする。すなわち、吐く息と吸う息に要する時間をできるかぎり長く細くして、ついには息をしているのが判らない状態にまでいたる。このように呼吸が調整・統御されたとき、プラーナ（生命エネルギー）の流れは淀《よど》みなく、明晰さを獲得する。

五　プラティアーハーラ（制感《せいかん》）

眼・耳・鼻などの感覚器官は、色形、音声、香臭などの外界の対象と結びついて、知覚のデータをこころに伝達しようとする。感覚はいつも研《と》ぎすまされ、こころの窓は開かれて、絶えず緊張を張り巡らして、いち早い受け入れ体勢にあるのが、通常の良好な感覚のあり方である。しかしこのとき、気が散っていては、こころの一点への集中統御はありえない。

このヨーガ実修の階梯においては、外界の事物の支配から感覚を引き離し、対象と感覚を絶縁させる。感覚を手元に引き戻し、感覚それ自体の中に独り取り残された状態に置く。このとき感覚はこころに従順に従い、こころの動きと一体となる。通常の場合、感覚器官は外界の対象とこころとの間に介在して、対象の方に駆け寄ろうとするが、今は、対象との結び付きは断ち切られる。そして、こころが見るとおりに見る。以前は、ものを色形で捉えていたが、今は、こころがそのものの本質において、直接にそのものを摑《つか》み出す。

この制感の階梯の実修で準備段階は完了し、次の第六階梯からは本格的ヨーガの瞑想に入る。すなわち、前五階梯において、十分に身体的・生理的修練を積んだヨーガ行者は、自分の身体は言うまでもなく、潜在意識までをも含めて一切の心理・意識を完全に自己の管理支配の許に置く。そのときにはじめて、次の三階梯の精神的実修が可能となる。第六から第八の三階梯は、一連のものであり、質的に明確な違いは存しない。

六　ダーラナー（凝念《ぎょうねん》）

こころを凝固させ、不動にして、思いを一点に固定させる。一点とは、臍・心臓・鼻先・舌先などの身体の一部でも、花とかヴィシュヌ神のような外界の一つのものでよい。このように、こころを一点に集中させると、こころには、他のなにものも進入することができない。こころが、まさにこころだけになる。一、二瞬間にかぎれば、これはそれほど困難ではない。

七　ディヤーナ（静慮《じょうりょ》）

この階梯においては、凝念の階梯で得られた一点への思いの固定を、時間的に十二倍も引き延ばす。これによって、思いはひとすじに伸長され、濃厚化され、より純粋になる。世間的な知覚や認識は、対象の外形や、対象の持つ価値にとらわれて、対象を超えることはできなかった。しかし今や、対象から解き離されて、思いは自由に対格的思惟が直接に接触するのである。

思いは拡張・伸長して、対象が本来的に内蔵する実在性・有性《うしょう》に、ヨーガ行者の全人

象に進入したり、同化したり、超越したりすることが可能である。このようにして、

八　サマーディ（三昧《さんまい》）

この最後の階梯は、前の二階梯に加えて別の新しい修練を必要とはしない。前二階梯において集中し、さらに伸長した思いは、三昧の境地においては最終の結果・極致として、一種の停止の状態への突入となって現出する。このとき、ヨーガ行者の呼吸は長く、細く、あたかも外見上は停止したかのごとくである。行者の思いは対象のみとなって現われて、自体は空になったかのような状態に入る。思う側と、思われる対象と、思惟・瞑想の行為という、対立する三つの契機を離れて、こころは対象そのものとなる。対象を思うことなくして、対象自体が燦然《さんぜん》とした明晰性をもって、こころの中にある。こころ自体は空であるが、空虚ではない。対象のすべてがこころを満たしている結果である。有性（サット）がこころに充満するとき、感覚も知的構造も経験も意識もないままに、知（チット）は本来の輝きをもって機能している。行者はもはや時間の支配の下に生きていない。永遠の現在のなかに生きるものとなる。生きな

がらにして、解放された状態にある。このように生との関係を離れてある行者の状態を、ヨーガでは「喜《き》悦《えつ》（アーナンダ）」であると表現している。

ヨーガ学派の世界観・形而上学説は、大綱はサーンキヤ学説に依拠しており、ただヨーガ学派では最高神イーシュヴァラの存在を認める点が異なる。この最高神とは、永遠の昔から存する個我として最高・完全の存在であって、一切のものを支配する。しかし、世界創造は行なわない。

身体重視のヨーガ（ハタ・ヨーガ）——タントラ密教との共通性

後代のインドで十二、三世紀になると、ヨーガの密教版ともいうべきゴーラクナートの「ハタ・ヨーガ」の伝統が大成されてくる。このヨーガは、体位坐法・調息法・ムドラー（指の印契《いんげい》）などの身体的修練を重視し、気の流れを論じ、肉体の能力の限界に挑む。さらにはしばしば限界を超えた超能力の獲得・神秘体験を誇示するまでにいたる。

ハタとは「力をこめて」を意味するといわれる。ハタ・ヨーガは、後述するクンダリニーの重要性を説くことから、クンダリニー・ヨーガの別名もある。その精神生理学ともいえる主張は、ヒンドゥー教のシヴァ派のタントラや仏教タントラ（密教）・『バルドゥ・トェ・ドル（チベットの死者の書）』の説と共通する点が多い。プラーナ（気、生命の風）・チャクラ（神経叢《しんけいそう》）・ナーディー（神経脈管《しんけいみゃくかん》）が重要な役割を演じている。アーサー・アヴァロンによるタントラ的説明を以下に掲げてみよう。

人体には三十二本といわれるナーディーが走っているが、そのうち三本は特に重要である。身体左側の神経脈管はヒンドゥー・タントラでイダー（ララナー、括弧内は仏教タントラの名称。以下同じ）、右側の脈管はピンガラー（ラサナー）、そして中央の脊髄経路の内辺を走る脈管はスシュムナー（アヴァドゥーティー）と呼ばれる。これらの脈管の源は会陰部《えいんぶ》カンダに発して、大きさは五指幅《しはば》・鶏の卵大《だい》である。ここにとぐろを巻いて眠る蛇クンダリニー（プラーナ　気、またの名をシャクティ明妃《みょうひ》ともビンドゥ精滴《せいてき》とも、仏教タントラの場合はボーディチッタ菩提心とも呼ぶ）が目覚めて、脈管を上昇して、臍・心臓・咽喉・額部の蓮華の四チャクラ（仏教タントラでは額部を除く三チャクラ）を経過し、頭頂部の大脳叢サハスラーラ（ウシュニーシャ・カマラ）に到達し、ここに住する最高神シヴァと合体する。この境地は、マハースックァ（大楽《たいらく》）ともサハジャ（倶生《くしょう》）ともマハームドラー（大印契《だいいんげい》）とも呼ばれる、性的愉悦にもしばしば比せられる最高の歓喜・至福の境地である。ここにおいては、大神シヴァと明妃シャクティ、太陽と月、知恵と方便、空と慈悲、左と右など、すべての対立する二極の合体溶融が現出する。現象界の二元性は破棄されて、不二《ふに》の境涯へと超出する。（ただし、ハタ・ヨーガでは、七万二千本のナーディー、六チャクラを数えるなど、細部にわたっての違いは多い。）

「ヨーガ行者自身の中央脈管における気の制御」・「精液の回収」などのことばを使って表現される全人格的・全身体的瞑想体験を通じて、行者はついに至福の覚醒を獲る。すなわち、中央脈管を上昇してきた、シヴァ大神と明妃シャクティが合体したビンドゥ（精滴＝気）は、一千の花弁をもつ蓮華が伏せられた形をしている大脳神経叢サハスラーラの頂点の一孔ブラフマ・ランドラ（梵門《ぼんもん》）を経過して、行者の身体の域外へと超出して、大宇宙において絶対者ブラフマンと合体する。

ここに示されたような神秘体験の思想的特徴として、ミクロコスモス（小宇宙）とマクロコスモス（大宇宙）の同一性・同体観が挙げられよう。小宇宙を支配するものは、両者が同体であるが故に、大宇宙を支配するものである。ヨーガにおいては、この同一性をもたらすものは、行者の身体の修練であり、無意識領域まで含めての全人格・精神の支配である。そして、これは学識や論理思索を通じてではなく、行者自身の実体験を通して獲得されるものである。

さとりの境地と幻覚剤

密教タントラには、「行者が死——魂の離身《りしん》から再生への課程——を修練として経ること、すなわち、宗教的死の体験を持つことによって不死性を獲得し、輪廻をついには離脱できる」と説かれている。さとりの境地と死の状態とには、ともに超越的・聖的なものであって、こちら側にいるものには測り知れないという共通性がある。このさとり、生きながらにして宗教的死を経過する——ジーヴァン・ムクティ（生前解脱《せいぜんげだつ》）——に実にヨーガ行者は文字どおりの命を賭けたのであった。アメリカのヒッピーたちがあこがれを寄せたのも、この生きながらに体験する死の味わいであり、この世ならざる境地であった。かれらはこの宗教的死の体験を（たとえドラッグを用いるという安易さに依ったとしても）サイケデリックに得ることを求めたのであった。

昔から人間は、俗的・日常的なるものの止滅《しめつ》と、その時においての聖なるもの・最高なるものの顕現を宗教に追い求めてきた。そしてこの究極の喜悦・恍惚の境地に浸りたいとの欲求のあまり、安直にドラッグ（幻覚剤）に頼ってさとりの疑似体験を得る例は、ヒッピーたちばかりではなく、繰り返されてきた。しかし、ヨーガを含めて、超世俗的体験を獲得するためには、まず日常性のうちにおける長期間の準備と修行の積み重ねが要請されていることを忘れてはならない。そして、真理体得があり、絶対者との合一があった後で、行者は再び日常経験の世界に復帰して、他者に対して対応する。この日常性への復帰のときに、行者の体験の真の価値が表出する。ヨーガにおいても、また禅においても、「ウッターナ・サマエー（三昧《さんまい》から立ち帰った時点）」が重要な問題とされるのは、このためであり、これは幻覚剤の作用によっては安直に作り出すことのできないものである。

注

（1）ヨーガに関しては、刊行物件は多数あるが、以下の文献を勧めたい。
本多恵『ヨーガ書注解　試訳と研究』（平楽寺書店、一九七八年）

中村元『インドの哲学体系Ⅱ　マーダヴァ『全哲学綱要訳注』『中村元選集〔決定版〕』第二十八巻（春秋社、一九九五年）

本山博『密教ヨーガ――タントラヨーガの本質と秘法』（宗教心理出版、一九七八年）

川崎信定訳『原典訳　チベットの死者の書』（ちくま学芸文庫、一九九三年）

（2）インドのばらもん教聖典において、受胎・出生から、さらに死後に再生に至る通過儀礼として「サンスカーラ（浄法）」が説かれている。その中では、再生族がその生涯において経るべき四段階として、①学生期（＝梵行期）、②家住期、③林棲期、④遊行期、以上のアーシュラマ（四住期）があるとされていた。そして、それぞれの住期において護持すべき義務や生活のあり方は、数あるダルマ・シャーストラ（法典）の中で厳しく細部に亘って規定がなされていたのである。

15 ヴェーダーンタ思想とヒンドゥー教
——近代インド思想への架け橋

ヴェーダーンタ学派の一元論

ヴェーダーンタ学派は、世界の唯一絶対の究極原因としてのブラフマン（梵《ぼん》）の探求を学問研究の第一の目的として、一元論の哲学を展開している。

ヴェーダーンタとは、「ヴェーダ聖典の最終部（アンタ）」を意味する。すなわち、広義のヴェーダ聖典全体の最後に位置するウパニシャッドのことである。これはウパニシャッドが聖典の位置づけとして終結部に置かれた歴史的編纂の状況とともに、その教説がヴェーダ聖典全体のなかで究極的なものであることも意味している。ヴェーダーンタ学派とは、ウパニシャッドに絶対的権威を認めて、このウパニシャッドに説かれた教義を継承し、体系的に解釈し、研究する教義学派である。根本経典は『ブラフマ・スートラ』（五世紀に現形成立）であり、八世紀前半にインド最大の哲学者といわれるシャンカラが出現し、かれによって注釈され、これによって学派の伝統が確立した。以後、ヴェーダーンタ学派の主要な学者がみな、それぞれの立場からこの『スートラ』に注釈をほどこす形式で自説を展開した。シャンカラの法灯《ほうとう》は南インドのシュリンゲーリ大本山を中心にして、今日まで断絶することなく継承されている。中世以後のインド思想界において圧倒的な勢力を保持した学派であり、それだけにもっとも影響力が大きく、もっともインド的と自負することのできる哲学学派である。

アートマンの四状態

『マーンドゥーキヤ・ウパニシャッド』や『ブラフマ・スートラ』には、覚醒状態から睡眠状態になぞらえて、アートマンの四状態が論じられている。アートマンとは本来は唯一・不変・常住の存在物であるが、種々の限定を受けて異なったものとして別様に現われる。

（イ）覚醒時《かくせいじ》　覚醒状態にあるときは、五感覚器官と意が機能していて、外界の対象を意識する。しかし、身体や感覚器官に限定を受けることになって、この状態のアートマンは本来の自由さを発揮できないで、本来のあり方から一番離れたものとなっている。

（ロ）夢眠時《むみんじ》　夢眠状態においては、感覚器官は機能を停止して、意のみが機能している。以前の覚醒時に受けた潜在的印象のみが、この機能の対象となっている。この状態のアートマンは、身体や感覚器官の限定から自由なので、ずっと純粋な形でみずから輝いて現われる。

（ハ）熟睡時《じゅくすいじ》　熟睡状態においては、一切のものは消滅しており、意もその機能を停止している。この状態のアートマンは、他のなにものも見ていない。しかし、本来のあり方に一番近い、純粋な知そのままの状態にある。このアートマンは前二状態よりもさらに純粋な状態にあるが、まだ真実のアートマンとは異なっている。この学派では、常識的な考えとは逆に、熟睡時の意識に覚醒時のものより高い価値を見出している。

（ニ）第四時《だいよんじ》（チャトルタ、またはトゥリーヤ）　上の眠りに譬えられた三状態は、偶然的なものであって、まだ限定から自由ではない。限定をまったく受けないアートマンは、部分を持たず、属性を持たず、純粋清浄であって、これを記述することができない。いかなることばによっても表現することができない。第四の状態にあると述べることでも不十分であって、不二《ふに》・不生《ふしょう》・無畏《むい》・不変《ふへん》などのあらゆる否定的表現をもってしか表現する方法がない。この状態のアートマンこそ本来のアートマンであり、ブラフマンにほかならない。

シャンカラのアドヴァイタ（不二一元《ふにいちげん》）論《ろん》

人生の目的は解脱《げだつ》にある。ヴェーダーンタ学派によれば、この解脱とは、われわれの個我が絶対者ブラフマンと合一することによって達成される。明知を得た個我が死後に神路を進んで、ついにはブラフマンに達する。ブラフマンと完全に合一したとき、われわれのそれぞれの個我は無区別となって、全体に溶融する。

では、絶対者ブラフマンはわれわれの個我といかなる関係にあるのか？　シャンカラは、両者の関係をアドヴァイタ（不二一元）論で説明した。

絶対者ブラフマンはいかなる限定も持たない、常住・不変・無差別・不可分の最高の唯一の実在者である。われわれの個我もその本体においては、この絶対者ブラフマンとまったく同一のものである。同一であるのにもかかわらず、われわれの経験する現実の世界において個別的な多数の個我が現出しているのは、無明《むみょう》（アヴィディヤー無知）の力のはたらきによる。無明がはたらいて、われわれを迷わせて「自分という中心主体が存在する」と妄想させている。これが輪廻《りんね》の原因となっている。現象界の多様な差別相も無明にもとづいて成立しているが、真実には存在しない。幻術師が作り出すマーヤー（まぼろし）のようなもので、仮に現われている虚妄なるものにすぎない。真実には、唯一で不二である実在者だけがある。

個我が実は最高の実在者ブラフマンと同一であり、現象界が実在しないマーヤーにほかならないことを覚知する明知によって、無明は滅ぼされる。このとき個我の形に縛られていたわれわれは解脱し解放されて、一切の苦悩から解放される。

無明は最高者ブラフマンといかなる関係に立つのか？　悪魔と神のごとき関係とされるのか？　無明の本質を構成するものについては、シャンカラの後継者のあいだで、さまざまに論議されることになった。シャンカラの思想は、「ヴィヴァルタ・ヴァーダ（仮現説《けげんせつ》）」と呼ばれるもので、大乗仏教の唯識派《ゆいしきは》の説く万法唯識《ばんぽうゆいしき》・阿頼耶識《あらやしき》の思想などと共通するものがあり、このことから、ばらもん教の他派のものたちから「仮面の仏教徒」という非難を浴びることがあった。

ブラフマンと個我との関係、ブラフマンと現象世界の関係については、シャンカラ以後のヴェーダーンタ学派において種々に考察され、諸学説を誕生させる機縁となった。シャンカラの不二一元論・ラーマーヌジャの被《ひ》限定者不《げんていしゃふ》二《に》一元《いちげん》論・マドヴァの二《に》元《げん》論・ニンバールカの二《に》元不《げんふ》二《に》論・ヴァッラバの清浄不二《しょうじょうふに》一元《いちげん》論の五学説に代表されるような複雑な宗内学派に分かれている。

イスラーム教の移入と民衆ヒンドゥー教の台頭

インドの北部においては八世紀からすでにトルコ系イスラーム軍の進入があったが、十二世紀以後になると南インドをふくむ全インドがトルコ系あるいはアフガン系イスラームの強い影響を受けるようになった。圧倒的軍事統制力・政治支配力の影響下で、おびただしい数のムスリム（イスラーム教徒）が改宗者としてインド民衆の広い範囲にわたって生まれた。たしかに略奪と殺戮の過程があり、仏教はイスラーム軍進入とともに滅亡したが、それまでのばらもん文化のすべてが、コーランと剣をもって破壊され、壊滅したというのは、事実とは遠い。十六世紀後半のムガル皇帝アクバルは、イスラーム教・ヒンドゥー教・仏教・ゾロアスター教・キリスト教を融合した新神聖宗教を構想して、皇帝みずからが教主としてその頂上に立とうとした。アクバルはヒンドゥー王族と結婚し、また宗教の差異による社会的身分差別を除去し、ヒンドゥー聖地への巡礼課税撤廃や牛の屠殺禁止を施行するなど、寛容と理解を示すことによってヒンドゥー諸勢力を懐柔して帝国内に吸収する政策をとった。サンスクリット古典のペルシャ語への翻訳も、かれの命令で行なわれた。シャー・ジャハーン皇帝の王子ダーラー・シコーはスーフィー神秘思想とヴェーダーンタ思想の比較検討を行ない、五十二篇のウパニシャッドをペルシャ語に翻訳させている。デリーやラージャスターンでは、イスラーム地方諸王がサンスクリット研究を奨励し、サンスクリット詩人を保護する例もあった。皇帝オーランゼーブのような厳格正統派ムスリムの統治も存在し、これはヒンドゥー側からのシヴァジーの激しい抵抗運動を誘発したが、一般的にはイスラームによるインド支配は、異教徒である被支配者ヒンドゥー教徒に、貢納《こうのう》そのほかの一定の条件下ではあるが、そのままの生活の存続を許す、現実的かつ寛容なものであったといえる。

インド社会・文化の変容

イスラーム教は、汎民族的宗教である。インド社会内のばらもん（婆羅門・ブラーフマナ・司祭）階級の持つ固有の思想との交渉を積極的にもつことは少なかった。とはいっても、インドにおいてイスラーム教徒とは、数の上では大半が民衆のなかからの改宗者である。同一民族のなかの宗教的信条の差異であるだけに、これだけ多くの異教徒との長期間にわたる共存は、ヒンドゥー教徒・イスラーム教徒の双方に大きな緊張と相互影響を及ぼさないではすまされなかった。むしろ両者の同化と融合の過程で、その後のインド的社会・文化が形成されていったということができる。（パキスタンとバングラデシュ分離後の現在のインドにおいて、イスラーム教徒はインド総人口の十四パーセント強を占めるにすぎないが、現在でも地域別に見るときは住民の圧倒的多数がイスラーム教徒である場合も少なくない。）

インドの社会において、ばらもん階級はかつての階層的権威を誇示することはできなくなった。従来のばらもん教の正統・非正統という枠組はもはや意味をなさなくなっていた。むしろ、異質なイスラームへの対抗意識・危機感から、ばらもん文化の一体化・ばらもん諸哲学思想の融合が考えられた場面も存在する。

圧倒的な数の大衆運動としてのヒンドゥー教が、旧来のばらもん文化の上に、これに代わるものとして形成される。また、民衆のあいだから新しい思想家・宗教家が次々と誕生した。たくさんの宗教的伝道書・文芸作品が、ペルシャ語彙を多く含んだウルドゥー語・パーンジャービー語などの地方語で著作され、民衆のあいだで読み、説き継がれていった。

ヒンドゥー教においても、一神教的傾向が強くなった。イスラーム教の最高神に対する帰依とか、神人合一の忘我境を説くイスラーム系苦行主義スーフィー神秘思想の影響下で、最高神に帰依し、その恩寵を強調する熱烈なバクティ（信愛《しんあい》）信仰がインド民衆のあいだでさらに強まり、発展した。ばらもん教における従前のバクティ信仰とは異なり、司祭者を仲介にしないで、礼拝者個人が直接に神に願い、対面する傾向が増大した。十五世紀後半から十七世紀にかけての、ベンガル地方のチャイタニヤのクリシュナ・ラーダーに対する熱狂的崇拝運動や、マラータ地方におけるナームデーヴのヴィシュヌ神に対するバクティ運動、または東部ヒンディー語で著わされたトゥルシー・ダースの『ラーム・チャリト・マーナス』のラーマに対する熱烈な信仰などを例としてあげることができる。

ヒンドゥー教・イスラーム教との調和・融合の傾向も強まった。十五世紀後半のカビールは、みずからを「アラーの子」であると同時に「ラーマの子」でもあると称して、宗教・種族・カーストの区別を超え、偶像崇拝・儀礼・祭祀《さいし》・苦行・沐浴《もくよく》・巡礼の無意義・無用性を強調して、ひとえに最高神に対する敬虔な信仰を勧めた。パーンジャーブのグル・ナーナクのシク教にも、イスラーム教・スーフィー神秘主義とヒンドゥー教の融合の思考が見られ、唯一神に対する信仰が強調されるとともに、諸宗教の本質が一つであることが説かれる。シク教は、業《ごう》とこれからの解脱《げだつ》を説くが、偶像崇拝や儀礼を禁止し、いかなるカーストのものとでも食事を共にし、食物のタブーを排するという、合理性も併せもっている。

近代インドへの架け橋

一六〇〇年のイギリスの東インド会社設立以後、西欧列国の積極的インド経営の時代に入り、インドにとっては、西欧的価値観の支配受容・対決抵抗・交流融合のさまざまな過程を経験する。これは、一九四五年のインド・パキスタン独立分離まで続き、さらには今日のインドにとっても、いまだ課題となっている。この時代に、西欧思想の刺激を受けて、インドの宗教または社会を改革しようとするブラーフマ・サマージや「ヴェーダに帰れ」を唱導するアーリヤ・サマージの運動が誕生した。また、テオソフィカル・ソサエティ（神智《しんち》学《がく》協会）そしてアニー・ベサント夫人のように、西欧人がインドに住み、ヒンドゥー教徒に自らの宗教文明の価値の自覚を取り戻させる活動も活発化した。ラーマクリシュナ・ミッションのヴィヴェーカーナンダのように、神の崇拝とともに、他人に対する愛と奉仕のなかに精神の平和を求めることを説いて、内面的・精神的修養を重視する欧米人に強い影響力を持つにいたった運動も展開された。

ラビーンドラナータ・タゴール（一八六一―一九四一）、マハートマー・ガーンディー（一八六九―一九四八）、オーロビンド・ゴーシュ（一八七二―一九五〇）の思想は、いずれもインドの伝統的思想・宗教・文化に深い理解を示しながら、その精神的伝統を現代に活かすために、現実社会の改革の方向に対しても積極的に活動するものであり、その高い精神性と理想の純粋性は全世界の人々に今も強い影響を及ぼしている。

むすび　インドをインド的にしているもの

筆者がインドに滞在して強烈に感じたのは、古代・中世に直接に対面している思いであった。たしかに古代の遺跡が人々が生活している町の只中にそのままに現存していることは事実である。しかし、それよりも、この思いを強くさせるのは、日々に接する人々の考え方であり、行動様式・価値観である。この時間を飛び越えた思いをさせるものは何であろうか？

インドをインド的にしているものは、なにか？　ヒンドゥーとは？

本講義は、この問を設定し、この疑問に答えようとして出発した。驚くような多様性とその振幅の広さ・大きさを蔵しながらの、インド人として、ヒンドゥーとしての一体感は、なにから生まれてくるのであろうか？

インドをインド的ならしめているものは、「ダルマ（法）」であるというのが、用意された答えである。しかし、われわれはこの「ダルマ」ということばの多義性に注目してきた。「ダルマ」とは、単なる教理・教義ではない。強いていうならば、「インドに生きる人としての生き方」といえよう。答えが多義にわたっては、同語反復に陥いる。では、この「生き方」を規定し、方向づけているものは、なになのか？

われわれは、「ダルマ」を専門に扱う『ダルマ・シャーストラ（法典）』の内容が、一般的な民事・刑事の法律条項の記載をはるかに超えて、世界創造にはじまり、自然界・動植物のあり方、人間の誕生・教育・結婚・葬式、カースト社会の形成、コミュナル（地域・民族・宗教・社会集団的）な生き方、アーシュラマ（四住期《しじゅうき》）・チャトルヴァルガ（四大目的）、輪廻《りんね》・転生《てんしょう》・解脱《げだつ》・ブラフマンとの合一、などのきわめて多岐にわたることを見てきた。まさに、この多岐にわたるものの総体こそ「ダルマ」であり、「インドに生きる人としての生き方」を規定するものである。

では、ばらもん教徒以外の人・ヒンドゥー教徒以外の人、つまり、イスラーム教徒やジャイナ教徒やパルシー教徒やキリスト教徒の生き方をも、この法典の「ダルマ」は規制するのだろうか？　インドに生きるかぎりにおいて、「規制する」というのが答えである。

かつて仏教徒などのような、カースト制度に反対する宗教運動の団体が、「カースト制度に反対するカーストの人たち」として、ほかならぬカーストの考えのうちに位置づけられてしまうことがあった。そのように、「ダルマ」はこれを受け入れない人たちを、「意識して抵抗するもの・異質なもの」という形で「ダルマ」のうちに位置づける。

サンスクリット化

一九六六年に社会学者のM・N・シュリーニヴァースは、「サンスクリタイゼイション（サンスクリット化）」[1]の概念を、インド社会の構成・行動原理として導入して、話題を呼んだ。地位上昇を試みるカーストが採用する方法として、そのカーストの構成員が一体となって上位カーストで守られている慣行を模倣する。伝統の規制が崩れはじめた植民地時代以後のインドにおいて、かえって顕著に見られる動きである。例えば、「菜食主義」の慣行の採用などが伝播する過程などを考えれば、明らかである。すでに強制的な規制力を失ったはずの浄・不浄のばらもん教的価値基準をなぜことさらに今の時点で採用するのだろうか？「サンスクリット化」とは、謎の存在を謎として提示した意味で、価値ある理論である。

現在もインドにおいては、多種多様な宗教・文化形態が相互に矛盾し、ある時には拮抗し争いながら、まさに雑然としたあり方において共存している。おそらく雑然としているとか、共存しているという意識は、そのうちには存在しないのであろう。意識されたものは、すでになんらかの意味において本来的なあり方から離れてしまっている。そして、インド的規模において全体の共存像が意識の上にのぼるのは、外国の支配とか、進入といった、差し迫った危機の到来の異常事態の折のみに限られるという、きわめて実存的あり方を示しながら、それ自体変化を続けているのが、まさにヒンドゥー社会である。

その底流を構成しているインド的思考方法とはなにか？　ガンジス河の濁流から、両手で一掬いの水を汲み上げるような試みではあるが、解明の努力を今後も続けてみたい。

注

（1）Sanskritization　インド出身の社会学者M・N・シュリーニヴァース（一九一六—

九九）が、一九六六年に提唱した、インド社会に広く深く観察される生活習慣や行動パターンの概念。我が国でも、大石高志氏の日本南アジア学会での研究発表（一九九一年）をはじめ、強い関心を集めてきたタームである。

参考文献

中村元『インド思想史』改訂第二版（岩波全書、一九六八年）
中村元『ヒンドゥー教史』（世界宗教史叢書六）（山川出版社、一九七九年）
中村元『インド人の思惟方法』（『決定版　中村元選集』第八巻）（春秋社、一九八八年）
早島鏡正・高崎直道・原実・前田專學『インド思想史』（東京大学出版会、一九八二年）
辛島昇編『インド入門』（東京大学出版会、一九七七年）
辛島昇『南アジア』（地域からの世界史5）（朝日新聞社、一九九二年）
辛島昇他監修『南アジアを知る事典』（平凡社、一九九二年）
L・ルヌー、J・フィリオザ（山本智教訳）『インド学大事典』全三巻（金花舎、一九七九年、一九八一年）
山下博司・岡光信子『（新版）インドを知る事典』（東京堂出版、二〇一六年）
山下博司『古代インドの思想』（ちくま新書、二〇一四年）
赤松明彦『インド哲学10講』（岩波新書、二〇一四年）
橋本泰元・宮本久義・山下博司『ヒンドゥー教の事典』（東京堂出版、二〇〇五年）
定方晟『インド宇宙誌』（春秋社、一九八五年）

J・ゴンダ（鎧淳訳）『インド思想史』（中公文庫、一九九〇年）
前田專學『インド的思考』（春秋社、一九九一年）
前田專學『インド思想入門――ヴェーダとウパニシャッド』（春秋社、二〇一六年）
金岡秀友『インド哲学史概説』（佼成出版社、一九九〇年）
P・T・ラジュ（勝部真長・広瀬京一郎編訳）『世界の人間論（I）――八大思想にみる人間の探求』（学陽書房、一九七八年）
エドワード・W・サイード（今沢紀子訳）『オリエンタリズム』上・下（平凡社ライブラリー、一九九三年）
村上真完『インド哲学概論』（平楽寺書店、一九九一年）
Hiriyanna, M. *Outlines of Indian Philosophy*, (George Allen & Unwin, Bombay, 1932; repr. 1973)
Radhakrishnan, S. *Indian Philosophy*, (George Allen & Unwin, Bombay, 1923, 1927)

1　総論「インドの思想」

前嶋信次『インド学の曙』（世界聖典刊行協会、一九八五年）
南条文雄『懐旧録――サンスクリット事始め』（平凡社・東洋文庫、一九七九年）
山崎元一『古代インド社会の研究――社会の構造と庶民・下層民』（刀水書房、一九八七年）
中村元・早島鏡正訳『ミリンダ王の問い』全三巻（平凡社・東洋文庫、一九六三―六四年）
中村元『インドと西洋の思想交流』（『決定版　中村元選集』第十九巻）（春秋社、一九九八年）

小谷汪之『不可触民とカーストの歴史』（明石書店、一九九六年）
小谷汪之『インドの中世社会――村・カースト・領主』（岩波書店、一九八九年）
J・A・デュボア、H・K・ビーチャム編（重松伸二訳）『カーストの民――ヒンドゥーの習俗と儀礼』（平凡社・東洋文庫、一九八八年）

2 インダス文明とアーリア人のインド定住

辛島昇他『インダス文明――インド文化の源流をなすもの』（NHKブックス、一九八〇年）
B・K・ターパル（小西正捷・小磯学訳）『インド考古学の新発見』（雄山閣出版、一九九〇年）
風間喜代三『言語学の誕生――比較言語学小史』（岩波新書、一九七八年）
風間喜代三『印欧語の故郷を探る』（岩波新書、一九九三年）
レオン・ポリアコフ（アーリア主義研究会訳）『アーリア神話――ヨーロッパにおける人種主義と民族主義の源泉』（法政大学出版局、一九八五年）
青木健『アーリア人』（講談社選書メチエ、二〇〇九年）

3 ヴェーダの思想

辻直四郎『インド文明の曙――ヴェーダとウパニシャッド』（岩波新書、一九六七年）
辻直四郎『リグ・ヴェーダ讃歌』（岩波文庫、一九七〇年）
中村元『ヴェーダの思想』（『決定版　中村元選集』第八巻）（春秋社、一九八九年）

M・ヴィンテルニッツ（中野義照訳）『ヴェーダの文学――インド文献史』第一巻（高野山大学　日本印度学会、一九六四年）
辻直四郎訳『アタルヴァ・ヴェーダ讃歌――古代インドの呪法』（岩波文庫、一九七九年）
針貝邦生『ヴェーダからウパニシャッドへ』（清水書院、二〇〇〇年）

4　ウパニシャッドの思想

松濤誠達『ウパニシャッドの哲人』（人類の知的遺産2）（講談社、一九八〇年）
中村元『ウパニシャッドの思想』（『決定版　中村元選集』第九巻）（春秋社、一九九〇年）

5　唯物論・決定論・懐疑論

雲井昭善『仏教興起時代の思想研究』（平楽寺書店、一九六七年）
中村元『原始仏教の成立』（『決定版　中村元選集』第十四巻）（春秋社、一九九二年）
山口恵照・西尾秀生編『宗教の哲学的理解』（昭和堂、一九九二年）

6　ジャイナ教の思想

M・ヴィンテルニッツ（中野義照訳）『ジャイナ教文献』（高野山大学　日本印度学会　一九七六年）
中村元『思想の自由とジャイナ教』（『決定版　中村元選集』第十巻）（春秋社、一九九二年）

7　ゴータマ・ブッダの仏教

中村元・三枝充悳『バウッダ・佛教』（小学館、一九八七年）
中村元『ブッダ入門』（春秋社、一九九一年）
三枝充悳『仏教入門』（岩波書店、一九九〇年）
平川彰『インド仏教史』上巻（春秋社、一九七四年）
平川彰編『仏教研究入門』（大蔵出版、一九八四年）

8　アショーカ王の理想

菅沼晃編『仏教の受容と変容　インド編』（佼成出版社、一九九二年）
上村勝彦訳『カウティリヤ実利論——古代インドの帝王学』上・下（岩波文庫、一九八四年）
渡瀬信之訳『マヌ法典』（中公文庫、一九九一年）
ヴァーツヤーヤナ（岩本裕訳）『完訳　カーマ・スートラ』（平凡社・東洋文庫、一九九八年）

9　叙事詩の世界（1）

M・ヴィンテルニッツ（中野義照訳）『叙事詩とプラーナ』（高野山大学　日本印度学会、一九六五年）
辻直四郎訳『バガヴァッド・ギーター』（インド古典叢書）（講談社、一九八〇年）
上村勝彦訳『バガヴァッド・ギーター』（岩波文庫、一九九二年）

鎧淳訳『ナラ王物語』（岩波文庫、一九八九年）

10　叙事詩の世界（2）

岩本裕訳『ラーマーヤナ』全二巻（平凡社・東洋文庫、一九八〇年）
上村勝彦『インド神話――マハーバーラタの神々』（ちくま学芸文庫、二〇〇三年）

11　大乗仏教の興起

中村元『慈悲』（サーラ叢書1）（平楽寺書店、一九六七年）
平川彰『インド仏教史』上・下（春秋社、一九七四年、一九七九年）
梶山雄一『空入門』（春秋社、一九九二年）
高崎直道『唯識入門』（春秋社、一九九一年）

12　哲学的思索の深化

村上真完『サーンクヤの哲学――インドの二元論』（平楽寺書店、一九八二年）
金倉圓照『インドの自然哲学』（平楽寺書店、一九七一年）
長尾雅人・服部正明他編『岩波講座　東洋思想』第六巻「インド思想2」（岩波書店、一九八八年）
立川武蔵『はじめてのインド哲学』（講談社現代新書、一九九二年）

13　論理学と言語分析

北川秀則『インド古典論理学の研究——陳那（Dignāga）の体系』（鈴木学術財団、一九六五年、一九七三年）
平川彰・梶山雄一・高崎直道編『講座　大乗仏教』第九巻「認識論と論理学」（春秋社、一九八四年）
戸崎宏正『仏教認識論の研究』（大東出版社、上巻 一九七九年・下巻 一九八五年）
川崎信定『一切智思想の研究』（春秋社、一九九二年）

14　ヨーガの思想と実践

立川武蔵『ヨーガの哲学』（講談社現代新書、一九八八年）
ミルチア・エリアーデ（立川武蔵訳）『ヨーガ』（一）、（二）（せりか書房、一九七八年）
佐保田鶴治『ヨーガ根本教典』（平河出版社、一九八三年）
川崎信定『原典訳　チベットの死者の書』（ちくま学芸文庫、一九九三年）
本多恵『ヨーガ書註解——試訳と研究』（平楽寺書店、一九七八年）
山下博司『ヨーガの思想』（講談社選書メチエ、二〇一五年）

15　ヴェーダーンタ思想とヒンドゥー教

前田專學『ヴェーダーンタの哲学』（平楽寺書店、一九八〇年）

黒柳恒男・土井久彌『インドの諸宗教』（アジア仏教史、インド編Ⅴ）（佼成出版社、一九七三年）
玉城康四郎『近代インド思想の形成』（東京大学出版会、一九六七年）
森本達雄『ガンディー』（人類の知的遺産64）（講談社、一九七九年）
マハトマ・ガンディー（竹内啓二他訳）『私にとっての宗教』（新評論、一九九一年）
荒松雄『ヒンドゥー教とイスラム教――南アジア史における宗教と社会』（岩波新書、一九七七年）
荒松雄『現代インドの社会と政治――その歴史的省察』（中公文庫、一九九二年）
佐藤宏・臼田雅之他『もっと知りたいインド』Ⅰ、Ⅱ（弘文堂、一九八九年）
高崎直道『インド思想論』（法藏館、一九九一年）
山崎利男・高橋満編『日本とインド　交流の歴史』（三省堂選書、一九九三年）
鈴木薫『文字と組織の世界史――新しい「比較文明史」のスケッチ』（山川出版社、二〇一八年）

文庫版あとがき

二十五年も前のことになりましたが、放送大学の発足当初の授業担当として作成したのが、本書『インドの思想』(放送大学教材、放送大学教育振興会、一九九三年)でした。その後、授業担当を修了した後も、街の一般書店の棚に並び、刷を重ねて現在では九刷にまでなりました。

この間に、インドの国家としての発展は目覚ましく、人口に関しても、国際連合世界人口予測二〇一七年六月の改訂版発表において、「インド・十三億一千一百五万人」と推測されております。近い将来において中国を追い抜いて、世界一の多人口国となることは、もはや疑問の余地ありません。日本との交流関係も、今後ますます増えることでしょう。我々が、インドの人たちと接する機会も多くなることと思います。どのような面においてか? 現在、アメリカ合衆国のシリコンバレーで日々の職務責任をもって勤めているインド人科学技術者は「全体の六割を占める」と報じられています。コンピュータ・科学技術関連分野での、インドと日本人との交流も、すでにかなりの程度にまで進んできております。

これから更に、どのように、インドの人たちと交流し、心を通じ合ってゆくべきなのか？

思い出せば、今から五十年前の昭和四十一（一九六六）年に、三十一歳の川崎は、フルブライト海外研究員に選出されてニューヨークのコロムビア大学経由で西南インドのプーナのバンダルカル東洋学研究所で専門分野の研修に参画できることになりました。そして、プーナでは、当時インドでも最高の文献研究学者として評判のV・V・ゴーカレー先生に一対一で、サンスクリット語で書かれた仏教文献の古写本を解読研究していただくという、思い掛けない幸運を授かったのです。

六カ月に亘って、長時間、夢中になって梵文古写本の断片にかじりついておりました。ゴーカレー先生の、鼻高で気品ある、しかし、少しの妥協も許さない、厳しい横顔を見つめながら、私が心中に密かに取り出し、見開いていたのは、これまた恩師の中村元先生が戦後間もなくに出版なさって、川崎がインドにまでこの時に持参していた『東洋人の思惟方法』（第一部、みすず書房、一九四八年五月刊）だったのです。実際に、インドの人たちの日々の思いに接する時に、この座右の一書は、本当に心強く、良い助けになりました。

この度、筑摩書房からちくま学芸文庫への編入のお薦めをいただき、喜悦の思いと併行して、「なんとかしてこの本が、皆さんにとっての座右の一小冊となってお役に立てればよいが。機会ある度ごとに、サッと開いて目を通して、納得してもらいたいものだ」という思いが胸の内を走りました。

このような思いを胸に、注記と参考文献一覧を作成いたしました。

最後に、この度のちくま学芸文庫への本書の編入をお勧めいただき、細部に亘って多くのご配慮を賜わりました筑摩書房編集局の北村善洋氏に、心からの感謝を、ここに記させていただきます。

平成三十（二〇一八）年十一月

川崎信定

（馬を軛にかける；つなぎとめる）　181
ユディシュティラ　Yudhiṣṭhira　114-115
ヨーガ　yoga　37, 60, 121, 161, 180, 187, 191
『ヨーガ・スートラ』 *Yoga-sūtra*　180
ヨーガーチャーラ（瑜伽行）派　Yogācāra　150
ヨーガ学派　Yoga　154, 180, 187
ヨーギン　yogin　ヨーガ行者　180
ヨーニ　yoni　女性性器　38

ラ行

ラーヴァナ　Rāvaṇa　126-128
ラーダー　Rādhā　136
ラーフラ　Rāhula　87
ラーマ　Rāma　126, 133
ラーマーヌジャの被限定者不二一元論　Rāmānuja : Viśiṣṭādvaita　198
ラーマーヤナ　*Ramāyāṇa*　40, 113, 125
ラーマクリシュナ・ミッション　Rāmakrishna Mission　203
ラオス　Laos　89, 140
ラサ　rasa　情調　105
ラサナー　rasanā　188
ラジャス　rajas　激質　158
ラテン語　Latin　30-31, 66
ララナー　lalanā　188
ランカー島　Laṅkā　127-128
リグ・ヴェーダ　*Ṛg-veda*　40, 43, 45, 53, 55, 58
リシ　ṛṣi　聖仙　22, 46
りた　利他　143
リタ　ṛta　天則　48, 50
リチュ　ṛc　讃歌　46
リンガ　liṅga　男性性器　38
リンガ　liṅga　微細身　161
ルーパ　rūpa　色　93
ルドラ　Rudra　暴風神　47
ローカーヤタ　Lokāyata　順世外道　74
ろくきょう　六境　94-95
ろくしき　六識　95
ろくしげどう　六師外道　70
ろくじゅうにけん　六十二見　70
ろくにゅう　六入　ṣaḍ-āyatana　94-95
ろくやおん　鹿野苑　87
ろっこん　六根　ṣaḍ-indriya　94
ろっぱてつがく　ṣaḍ-darśana　六派哲学　154

ワ行

ワーグナー，ヴィルヘルム・リヒャルト　Wilhelm Richard Wagner（1813-1883）　31

Sarasvatī : *Prasthānabheda* 155
マドヴァの二元論
Madhva : dvaita 198
マナス manas 意 159
マヌ Manu 132
マヌ法典 *Mānava-dharma-śāstra* 31, 106
マハーヴィーラ Mahāvīra 77
マハースックァ mahāsukha 大楽 188
マハートマー・ガーンディー
Mahātmā Gāndhī (1869-1948) 83, 119
マハーバーラタ *Mahābhārata* 40, 113, 119, 125, 131, 136
マハームドラー mahāmudrā 大印契 189
マハーヤーナ Mahāyāna 大乗仏教 139, 143, 148
マラータ Marātha 24, 201
マラーティー語 Marāthī 26
まんだら maṇḍala 曼荼羅 145
マンダラ山 Maṇḍala 132
ミーマーンサー学派
Mīmāṃsā : Mīmāṃsaka 154, 169, 174, 177-178, 181
『ミーマーンサー・スートラ』
Mīmāṃsā - sūtra 175
みっきょう 密教
Mantrayāna ; Vajrayāna 89, 145, 148, 187
ミトラ mitra 誓約 48
みなみいんど 南インド
South India 24
ミャンマー Myanmar 89, 140
ミューラー，マクス
Friedrich Max Müller (1823-1900) 31-32, 51
ミリンダ王（メナンドロス）
Milinda ; Menandros 29
ミリンダ王の問い *Milinda-pañhā* 29
みろく 弥勒 Maitreya 147, 150
ムガル皇帝 Mughal 198
むき 無記 avyākṛta 75, 97
むじゅうしょねはん 無住処涅槃 147
ムスリム（イスラーム教徒）
Muslim ; 'islām 198-199
ムドラー mudrā 印契 187
メール Meru 117
メガステネース：『タ・インディカ（インド誌）』
Megasthenes : *Ta Indika* 29
モエンジョダーロ Mohenjodaro 34, 37
モークシャ mokṣa 解脱 102, 107, 118

ヤ行

ヤージュニヤヴァルキヤ仙
Yājñavalkya 65-66
ヤジュル・ヴェーダ *Yajur-veda* 45
ヤマ yama 制戒 182
ヤムナー河 Yamunā ; Jamnā 135
ゆいしき 唯識 vijñaptimātratā 150
ユガ yuga 宇宙の年紀 134-135
ゆがぎょうは 瑜伽行（唯識）派
Yogācārin : Vijñānavādin 150
ゆがろん『瑜伽論』
Yogācārabhūmi-śāstra 172
ユジュ √yuj-

（1767-1835）　31
ヘーゲル，ゲオルク・ヴィルヘルム・フリードリッヒ
Georg Wilhelm Friedrich Hegel（1770-1831）　31
ヘーツ・ヴィディヤー　hetu-vidyā　因明　168
ヘノ・セイズム　heno-theism　交替神教　51
ベサント，アニー　Annie Besant（1847-1933）　203
ベナーレス　Vārāṇasī ; Benares　24
ベンガーリー語　Bengālī　26, 28
ベンガル王立協会
The Royal Asiatic Society of Bengal　30
ベンガル地方　Bengal　24, 201
ペルシャ語　Persian　18, 30, 66, 199, 201
ほうじん　報身　saṃbhoga-kāya　145
ホーソン，ナサニエル　Nathaniel Hawthorne（1804-1864）　67
ほうてん　dharma-śāstra　法典　31, 206
ほうべんしんろん　『方便心論』
Upāyahṛdaya-śāstra　172
ほくでん　北伝　138
ほけきょう　『法華経』
Saddharmapuṇḍarīka-sūtra　145
ほっけん　法顕（出発399-412帰国）　28
ほっけんでん　『法顕伝』　28
ほっしん　法身　dharma-kāya　145
ほっそうしゅう　法相宗　150
ボーディサットヴァ
bodhisatta ; bodhisattva　菩薩　144
ボーディチッタ　bodhicitta　菩提心　188
ぼさつじょう　菩薩乗　143
ぼんご　梵語
Sanskrit ; saṃskṛtam　26
ぼんてん　梵天　ブラフマー　Brahmā　26
ポスト・モダーン　postmodern　67
ポルトガル人　Portuguese　20-21

マ行

マーヤー（幻）māyā　156, 197
マーヤー夫人　Māyā　87
『マーンドゥーキヤ・ウパニシャッド』　*Māṇḍūkya-upaniṣad*　194
マイトリー　maitrī　慈　144
マイトレーイー　Maitreyī　65
マイトレーヤ　弥勒　Maitreya　150
マウリヤ王朝　Maurya　29, 100, 103
マガダ国　Magadha　70, 88, 153
マケドニア　Macedonia　100
マッカリ・ゴーサーラ
Makkhali-Gosāla　72
まっぽう　末法時代・末世　135
マツヤ　matsya　魚　132
マッラナーガ・ヴァーツヤーヤナ
Mallanāga Vātsyāyana　104
マトゥラー地方　Mathurā　135-136, 140
マドゥスーダナ・サラスヴァティー：『種々なる道』　Madhusūdana

ブッダガヤー　Buddhagayā　87
ブッディ　buddhi
覚，知のはたらきの根源状態　158
ぶつでんぶんがく　仏伝文学　86, 141
ぶっとう　stūpa　仏塔　101
ブドゥ　√budh-　覚醒者　85
ぶはぶっきょう　部派仏教　138
ブラーフマ・サマージ
Brāhma-samāj　203
ブラーフマナ　brāhmaṇa　祭儀書　55, 60, 174
ブラーフマナ　brāhmaṇa　婆羅門
司祭階級　21, 27, 69, 154
ブラフマー　Brahmā　梵天　26, 126, 128, 130
『ブラフマ・スートラ』
Brahma-sūtra　193
ブラフマチャーリン
brahmacārin　学生・梵行者　108
ブラフマ・ミーマーンサー
Brahma-Mīmāṃsā　175
ブラフマ・ランドラ
brahma-randhra　梵門　189
ブラフマン　brahman　梵　59-62, 189, 196
ブリハスパティ　Bṛhaspati
祈禱主神　48, 53, 74
『ブリハッド・アーラニヤカ・ウパニシャッド』
Bṛhadāraṇyaka-upaniṣad　58
ブリフ　√bṛh-「増大する」　59
プーラナ・カッサパ
Pūraṇa-Kassapa　70
プールヴァ・ミーマーンサー
Pūrva-Mīmāṃsā
前ミーマーンサー　174
プドガラ　puggala ; pudgala　物質　79
プラークリット語
Prakrit ; prākṛtam
中期インド・アーリア語　27, 69, 78
プラーサンギカ　Prāsaṅgika
帰謬論証派　149
プラーナ　prāṇa　気；生命の風　183, 188
プラーナ　purāṇa　古伝話聖典　131
プラーナーヤーマ　prāṇāyāma
調息　183
プラヴァラ　pravara　聖仙系譜　22
プラクリティ　prakṛti　根本原質　157
プラジャーパティ　Prajāpati
生類主　48
プラティアーハーラ　pratyāhāra
制感　184
プラマーナ　pramāṇa　量
正しい認識方法　168
プリティヴィー　Pṛthivī　地神　47
プルシャ　puruṣa　純粋精神　157
プルシャ　puruṣa　世界原人　54
プルシャ・スークタ（プルシャ讃歌）　Puruṣa-sūkta　54
プロト・インド・ヨーロッパ語
proto-Indo-European　41
フンボルト，カール・ヴィルヘルム・フォン
Karl Wilhelm von Humboldt

Brāhmaṇa ; Brahmanism　19, 58, 69, 101, 108, 153, 168, 174, 181, 197, 205
バリ　Bali　132
バルトリハリ　Bhartṛhari　178
『バルドゥ・トェ・ドル』
Bar do thos grol
『チベットの死者の書』　188
バングラデシュ　Bangladesh　200
パータリプトラ　Pāṭaliputra　29
パーニニ　Pāṇini　26
パーリ語　Pāli　巴利語　27, 29, 89
パーンジャービー語　Pāñjābī　201
パーンジャーブ　Punjab　24
パーンダヴァ家　Pāṇḍava　114
パーンドゥ　Pāṇḍu　114
パキスタン　Pakistan　200, 202
パクダ・カッチャーヤナ
Pakudha-Kaccāyana　71
パシュパティ　Paśupati　獣主神　37
パタンジャリ　Patañjali　180
パダールタ　padārtha　句義
範疇領域　163
パラシュ・ラーマ　Paraśu-Rāma
斧をもったラーマ　133
パリナーマ　pariṇāma　転変　158
パリナーマ・ヴァーダ
pariṇāma-vāda　転変・開展説　155
パルシー教徒　Pārsī　19
パルジャニヤ　Parjanya　雨神　47
パンチャ・カンダ
pañca-khandha ; pañca-skandha
五蘊　93
ヒーナヤーナ　Hīnayāna
小さな乗物；小乗　139
ヒッピー　hippie　67
『ヒトーパデーシャ』　*Hitopadeśa*　31
ひらたあつたね
平田篤胤：『出定笑語』　151
ヒラニヤークシャ　Hiraṇyākṣa　131
ヒラニヤカシプ　Hiraṇyakaśipu　132
ヒラニヤガルバ　Hiraṇyagarbha
黄金の胎児　53
ヒンドゥークシュ山脈
Hindu Kush　43
ヒンディー語　Hindī　24-26, 129, 201
ヒンドゥー　Hindu　18, 36, 106, 131, 136, 147, 198-199, 204
ビーシュマ・パルヴァン
Bhīṣma-Parvan　119
ビーマ　Bhīma　114
ビュルヌーフ　Eugène Burnouf
(1801-1852)　31
びるしゃなぶつ　毘盧舎那仏
Mahāvairocana　145
ビンドゥ　bindu　精滴　188
ピッパラ　pippala ; pipal　菩提樹　39
ピンガラー　piṅgalā　188
ふと　浮図　buddha　86
ふと　浮屠　buddha　86
ぶっきょうろんりがく　仏教論理学　172
ぶっしょう　仏性　148
ぶっしんろん　仏身論　144
ブッダ　仏陀　buddha　85, 133
ぶつだかん　仏陀観　144

なせんびくきょう 『那先比丘経』
Milinda-pañhā 30
ナヤ naya 81
ナラ王 Nala 115
ナラシンハ Narasiṃha 人獅子 132
なんかいききないほうでん 『南海寄帰内法伝』 29
なんじょうぶんゆう 南条文雄 (1849-1927) 32
なんでん 南伝 138
なんぽうぶっきょう 南方仏教 140
ニガンタ・ナータプッタ Nigaṇṭha-Nātaputta 70, 77
ニガンタ派 Nigaṇṭha 77
にくしん 肉親 119
にたい 二諦 149
ニッバーナ nibbāna ; nirvāṇa 涅槃 81, 92
ニヤーヤ nyāya 正理 168
ニヤーヤ学派 Naiyāyika 154, 168
『ニヤーヤ・スートラ』 Nyāya-sūtra 169
ニヤグローダ樹 nyagrodha 63
ニヤマ niyama 内制 182
にゅうねはん 入涅槃 86
にょじつろん 『如実論』 172
にょらいぞう 如来蔵 tathāgata-garbha 如来の胎児 148
ニンバールカの二元不二論 Nimbārka : bhedābheda 198
ネーティ・ネーティ nêti, nêti「しからず。しからず。」 64
ねはんじゃくじょう 涅槃寂静 89
ねんぶつ 念仏 147
ノビリ, ロベルト Roberto Nobili (1577-1656) 30

ハ行

ハタ haṭha 187
ハタ・ヨーガ haṭha-yoga 183, 187
ハックスレー :『ザ・ペレニアル・フィロソフィ』 Aldous Huxley : *The Perennial Philosophy* 52
はっしょうどう 八正道 (八聖道) 92
はっそうじょうどう 八相成道 86
はっぷ 八不 149
ハヌマン Hanumat 128
ハラッパー Harappā 34
『ハリ・ヴァンシャ』 *Hari-vaṃśa* 131
はんにゃきょう 『般若経』 *Prajñāpāramitā-sūtra* 146, 149
バーガヴァタ派 Bhāgavata 136
バーシュヤ bhāṣya 注釈 175
バーラタ Bhārat 23
バヴィヤ Bhavya ; Bhāvaviveka ; Bhāviveka 清弁 172
『バガヴァッド・ギーター』 *Bhagavad-gītā* 31, 116, 119, 121, 131
バクティ bhakti 信愛 121-122, 147, 201
バクティ・マールガ bhakti-mārga 信愛の道 121
バジュ √bhaj- 122
バラタ王子 Bharata 126
バラタ族 Bhārata 113
ばらもん (婆羅門) 教

Mādhyamaka-śāstra 149
チョーダナー codanā 教令 176
ティールタンカラ tīrthaṃkara 77
ティピタカ tipiṭaka ; tripiṭaka 三蔵 88
テーラヴァーダ Theravāda 上座仏教；長老派仏教 140
テオソフィカル・ソサエティ The Theosophical Society 神智学協会 203
テラコッタ terracotta 38
テルグ語 Telugu 26
てんぽうりん 転法輪 87
てんりんじょうおう 転輪聖王 cakravartin 101
ディガンバラ・ジャイナ Digambara-Jaina 83
ディグナーガ Dignāga 陳那 172-174
ディヤーナ dhyāna 静慮 185
ディヤウス Dyaus 天神 47
デーヴァキー Devakī 135
デュペロン，アンケチル Anquetil Duperron 30, 66
デリー近郊 Delhi 35
トゥリーヤ turīya 195
トゥルシー・ダース：『ラーム・チャリト・マーナス』 Tulsī-dās : *Rām-carit-mānas* 129, 201
トヴァシュトリ Tvaṣṭṛ 造作者 48
とくしぶ 犢子部 Vātsīputrīya 138
とみながなかもと 富永仲基 (1715-1746) 151
トランセンデンタリスト Transcendentalists 超越主義者 67
トリ・ヴァルガ tri-varga 三大目的 102
トリ・グナ tri-guṇa 三徳 160
トリムールティ tri-mūrti 三神一体 130
トレーター・ユガ tretā-yuga 三分時 134
ドイッセン，パウル Paul Deussen (1845-1919) 31, 67
ドゥヴァーパラ・ユガ dvāpara-yuga 二分時 134
ドゥルヨーダナ Duryodhana 114-116
ドヴィジャ dvija 再生族 106, 108, 110
ドラヴィダ Dravidian 24, 26, 35
ドリタラーシュトラ Dhṛtarāṣṭra 114

ナ行

ナーガールジュナ Nāgārjuna 龍樹 149, 172
ナーガセーナ Nāgasena 那先比丘 29
ナーガラカ nāgaraka 都会の粋人 105
ナースティカ nāstika 虚無論者 69, 154
『ナーティヤ・シャーストラ』 *Nāṭya-śāstra* 演劇論 105
ナーディー nāḍī 神経脈管 188
ナームデーヴ Nāmdev 201
ナクラ Nakula 114

タイ国　Thailand　89, 140
たかくすじゅんじろう
高楠順次郎（1866–1945）　32
タゴール，ラビーンドラナータ
Rabīndranāth Tagore
（1861–1941）　203
タターガタ　tathāgata　如来　87
タット・トヴァム・アシ
tat tvam asi「汝はそれである。」　62
タッド・エーカム
tad ekam　かの唯一なる者　54
タマス　tamas　闇質　158
タミール語　Tamīl　26
タラーイ盆地　Tarai　87
たりき　他力　147
タルカ　tarka　思弁　168
タンク　tank　浴池　37
タントラ　tantra　188
タントラ密教　tantrism　89, 188
タンハー　taṇhā；tṛṣṇā　渇愛　91
タンマートラ　tanmātra　唯　159
ダーラー・シコー
Dārā Shukōh；Dārāshikuh　66, 199
ダーラナー　dhāraṇā　凝念　185
だいしゅぶ　大衆部
Mahāsaṃghika　138
だいじょうきょうてん　大乗経典　142
だいとうさいいきき　『大唐西域記』　28, 148
だいはつねはんぎょう　『大般涅槃経』　*Mahāparinirvāṇa-sūtra*　148
ダシャラタ　Daśaratha　十車王　126
ダスユ　dasyu　悪魔　38, 44
ダルマ　dharma　運動の条件　79
ダルマ　dharma　法　101, 106, 134, 171, 204
ダルマ・カーヤ　dharma-kāya
法身　145
ダルマキールティ　Dharmakīrti
法称　173–174
ダルマ・シャーストラ
dharma-śāstra　法典　108, 205
ダルミン　dharmin　有法　171
チット　cit　知　186
チベット大蔵経
Tibetan Tripiṭaka　89
チャーナキヤ　Cāṇakya　103
チャールヴァーカ　Cārvāka　74, 181
『チャーンドーギヤ・ウパニシャッド』　*Chāndogya-upaniṣad*　58, 135
チャイタニヤ　Caitanya　201
チャクラ　cakra　神経叢　188–189
チャトル・ヴァルガ　catur-varga
四大目的　102, 110
チャトルタ　caturtha　195
チャラカ：『チャラカ・サンヒター』
Caraka-saṃhitā　168
チャンディガル　Chandigarh　35
チャンドラグプタ王　Candragupta　29, 100
ちゅうがんは　中観派
Mādhyamaka　149
ちゅうがんぶっきょう　中観仏教　172
ちゅうどう　中道　madhya　96, 149
ちゅうろん　『中論』

101, 154
ジャイミニ　Jaimini　175
ジャマッド・アグニ仙人
Jamad-Agni　133
ジャラ　Jara　136
ジャワ島　Java　130
じゅうじのひほう　十事の非法　138
じゅうにしょ　十二処　93
じゅうはっかい
十八界（十八の領域・要素）　95
ジュニャーナ・カーンダ
Jñāna-khāṇḍa　知識部　174
ジュニャーナ・マールガ
Jñāna-mārga　知識の道　121
じょうざぶ
Thera ; Sthavira　上座部　138
じょうどう　成道　87
じょうどきょうてん　浄土経典　148
ジョーンズ，ウィリアム
William Jones (1746-1794)　30-31, 41-42
スートラ　sutta ; sūtra　経　107, 153
スーフィー神秘思想　Sūfi ; Sūfism　199
スーリヤ　Sūrya　太陽神　47
スヴァータントリカ
Svātantrika　自立論証派　149
スヴァスティカ
svastika　卍　まんじ　39
スヴァダルマ　svadharma　118
スヴァヤンヴァラ　svayaṃvara
婿選び　114
スシュムナー　suṣumṇā　188
スッタ・ピタカ
sutta-piṭaka ; sūtra-piṭaka　経蔵　88
スッドーダナ　Suddhodhana
浄飯王　87
スピノーザ：「永遠の相のもとに」
Baruch de Spinoza (1632-1677) :
sub speciē aeternitātis　52
スポータ　sphoṭa　178
スムリティ　smṛti　聖伝書　46, 106
スヤード　syād　81
スヤード・ヴァーダ　syād-vāda
不定主義，相対主義　81
スリランカ　Sri Lanka　27, 89
スュリンゲーリ大本山　Śṛṅgeri　194
スルタン・マフムード
Sultan Mahmud ;
Sulṭān Muḥammad　30
すろん　数論　Sāṃkhya　157
せいとうばらもんきょう
正統ばらもん教　153
せついっさいうぶ　説一切有部
Sarvāstivādin　138, 166
セレウコス・ニーカトール
Seleukos Nīkator　29
せんゆきょう　『箭喩経』
Cūḷamāluṅkya-suttanta　97
ソーマ　Soma　神酒　48
ソロー　Henry David Thoreau
(1817-1862)　67
ゾロアスター教　Zoroaster　43, 199

タ行

ターメリック　turmeric　うこん　20

Śāṇḍilya-vidyā 61
しゃくそん
釈尊：釈迦族出身の尊者 87
シャクティ明妃 Śakti 188-189
『シャクンタラー姫』 *Śakuntalā* 31
シャバラスヴァーミン
Śabarasvāmin 175
シャブダ śabda 声 176
シャブダ・アルタ
śabda-artha ことばと意味 178
しゃもんかきょう 『沙門果経』
Samaṇaphala-sutta 70
しゃり 舎利（遺骨・遺品）
śarīra 140
シャンカラ Śaṅkara 156, 196
シュードラ śūdra 隷民階級 22, 108
シューニヤ śūnya 空 146, 149
しゅういんゆごうけつ 宗因喩合結 170-171
シュヴェータケートゥ Śvetaketu 62
シュヴェータンバラ・ジャイナ
Śvetambara-Jaina 83
しゅしょうてんきせつ
「衆聖点記」説 86
しゅつぢょうこうご 『出定後語』 151
シュメール文明 Sumer 35
シュラッダー śraddhā 信仰 48
シュリーニヴァース
M. N. Shrinivas (1916-1999) 206
シュルティ śruti 天啓聖典 46, 176
シュレーゲル兄弟
August Wilhelm von Schlegel (1767-1845)；Friedrich Schlegel (1772-1829) 31
シュローカ śloka 偈頌 125
しょうぎたい 勝義諦
paramārtha-satya 149
しょうしゅうじっくぎろん
『勝宗十句義論』 166
しょうじょうにじゅうぶ
小乗二十部 138
しょうとくたいし 聖徳太子 32
ショウペンハウエル，アルトゥール
Arthur Schopenhauer (1788-1860) 31
しょうまんぎょう 『勝鬘経』
Śrīmālādevī-sūtra 148
しょうみょう 唱名：称名 147
しょうもん 声聞 śrāvaka 143
しょぎょうむじょう 諸行無常 89
しょほうむが 諸法無我 89
シラー，ヨハン・クリストフ・フリードリッヒ・フォン
Johann Christoph Friedrich von Schiller (1759-1805) 31
しんいんみょう 新因明 173
シンドゥー Sindhu 47
シンドゥー語 Sindhī 34
ジーヴァ jīva 霊魂 79
ジーヴァン・ムクティ
jīvan-mukti 生前解脱 190
ジェスイット会宣教師 Jesuit 30
じぞうぼさつ 地蔵菩薩
Kṣitigarbha 147
ジナ jina 勝者 77
じひ 慈悲 maitrī-karuṇā 143
ジャーティ jāti 出生 22
ジャイナ教 Jaina 19, 28, 70, 77,

ゴートラ　gotra　22
ゴーラクナート　Gorakhnāth　187
ごくらくじょうど　極楽浄土　147
ごぶんさほう　五分作法　170

サ行

サーマ・ヴェーダ　*Sāma-veda*　45
サーンキヤ　Sāṃkhya　30, 154, 157, 187
サッカ（釈迦）族　Sakka ; Śākya　87
サット　sat　有　63, 157, 186
サットヴァ　sattva　純質　158
サハジャ　sahaja　倶生　189
サハスラーラ　sahasrāra　188
サハデーヴァ　Sahadeva　114
サピンダ　sapiṇḍa　22
サブ・カースト　sub-caste　22
サマーディ　samādhi　三昧　186
サマナ　samaṇa : śramaṇa　沙門　70, 77
サラスヴァティー　Sarasvatī 聖河　47
サンカーラ　saṅkhāra ; saṃskāra 行　94
サンガ　saṅgha　僧伽　僧団 教団　141
さんがく　三学　93
サンキヤー　saṃkhyā　数　157
さんしさほう　三支作法　173
さんしょうせつ　「三性」説　150
サンジャヤ・ベーラティプッタ Sañjaya-Belaṭṭhiputta　74, 97
さんじょう　三乗　143
サンスクリタイゼイション Sanskritization サンスクリット化　206
サンスクリタム　saṃskṛtam 洗練され，完成された言語　26
サンスクリット語　Sanskrit　21, 23, 26-28, 32, 45, 78, 153, 199
さんぞう　三蔵　tipiṭaka ; tripiṭaka　88
サンニャー　saññā ; saṃjña　想　94
サンニャーシン　sannyāsin 遊行者・遁世者　109
サンヒター　saṃhitā　本集　55, 174
さんぶつぶんがく　讃仏文学　141
さんぼういん　三法印　89
ざいけしゅぎ　在家主義　141
シーター　Sītā　126
シヴァ　Śiva　37, 130, 180, 188
シヴァ派　Śaivism　20, 188
シヴァジー　Śivajī　199
シェリング，フリードリッヒ・ヴィルヘルム・ヨーゼフ・フォン Friedrich Wilhelm Joseph von Schelling（1775-1854）　31
しきしん　rūpa-kāya　色身　145
シク教　Sikh　19, 202
したい　catur-satya　四諦　89
しだいぶつじ　四大仏事　87
シッダッタ Siddhattha ; Siddhārtha　86
しほういん　四法印　89
しまつじゅうはちぶ　枝末十八部　138
シャーキヤムニ　Śākya-muni 釈迦牟尼：釈迦族出身の聖者　87
シャー・ジャハーン皇帝 Shāh Jahān（1592-1666）　199
シャーンディリヤの教え

きき　窺基　150
きょうりょうぶ　経量部
Sautrāntika　138
キリスト教　Christianity　19, 199
きんしちじゅうろん　『金七十論』
166
『ギーター』　*Gītā*　31, 119
ぎじょう　義浄（出発671-695帰国）
28
ギリシャ人　Greeks　29
く　苦　duḥkha　90-91
クールマ　Kūrma　亀　132
くうがん　空観　Śūnya-vāda　146
くうしょう　空性　śūnyatā　149
くおんじつじょう　久遠実成の本仏
145
くくいん　九句因　173
クザーヌス，ニコラウス
Nicolāus Cusānus（1401-1464）
62
クシナーラー
Kuṣinārā ; Kuṣinagara　87
クシャトリヤ
kṣatriya　王族階級　21, 133
クマーリラ　Kumārila　169, 175
クラウンチャ鳥　krauñca　帝釈鴫
125
クリシュナ　Kṛṣṇa　115, 120, 131, 133, 135
クリシュナ伝説　Kṛṣṇa　130
クリシュナ・ラーダー
Kṛṣṇa-Rādhā　201
クリタ・ユガ　kṛta-yuga　正法
黄金時代　134
クル国　Kurukṣetra　114
クンダリニー　kuṇḍalinī　188
グナ　guṇa　要素　160
グプタ王朝　Gupta　153
グリハスタ　gṛhastha　家住者
109
グリム兄弟
Jacob Grimm（1785-1863）;
Wilhelm Grimm（1786-1859）　31
グル　guru　師匠　108
グル・ナーナク　Guru Nānak　202
けごんきょう　『華厳経』
Buddha-avataṃsaka-sūtra　145
けぢぶ　化地部　Saṃmitīya　138
ゲーテ，ヨハン・ヴォルフガング・フォン
Johann Wolfgang von Goethe
（1749-1832）　31
げんじょう　玄奘『大唐西域記』
（出発629-645帰国）　28, 86, 148
コーカサス地方　Caucasus　41
コーラン　*Koran* : Qu'rān　198
コミュナル　communal
社会集団的　23, 205
こんくせっぽう　金口説法　142
ゴア　Goa　20
ごいしちじゅうごほう
五位七十五法　166
ごうたん　降誕　87
ごうん　五蘊　93
ごうんけわごうのが
五蘊仮和合の我　94
ゴータマ　Gotama　瞿曇
最上の牛　86
ゴータマ・シッダッタ
Gautama Siddhattha ; Siddhārtha
85
ゴータマ・ブッダ
Gotama Buddha　27, 69, 85, 138
ゴータミー　Gotamī　87

(1803-1882)　67
えんがくぢ　縁覚地
pratyekabuddha-bhūmi　143
えんぎ　縁起　pratītya-samutpāda　95, 149
エンシクロペディスト
Encyclopedists　百科全書派　30
おうけしん　応化身
nirmāṇa-kāya　145
おうじょう　往生　147
オーランゼーブ　Aurangzēb　199
オーロビンド・ゴーシュ
Aurobindo Ghosh ;
Āravinda Ghoṣa (1872-1950)　203

カ行

カーヴィヤ　kāvya　美文体純文学　105
カースト　caste　21, 108, 154, 202, 205
カーブル河　Kabul　43
カーマ　kāma　愛欲　102
カーマ・スートラ　*Kāma-sūtra*
性愛綱要書　104-105
カーラ　kāla　時間　79
カウティリヤ：『アルタ・シャーストラ（実利論）』
Kauṭilya : *Artha-śāstra*　102
カウラヴァ家　Kaurava　114
かさはらけんじゅ　笠原研寿
(1852-1883)　32
カスタ　casta　21
カト・ヘノ・セイズム
kat-heno-theism　50
カナーダ　Kaṇāda　162
カナブジュ　Kaṇabhuj　162
カビール　Kabīr　202
カピラ　Kapila　157
かめんのぶっきょうと
仮面の仏教徒　197
カリ　karri　20
カリ・ユガ　kali-yuga　末世　134
カリル　karril　20
カリンガ国　Kaliṅga　101
カルキ　Kalki　133
カルナー　karuṇā　悲　144
カルマ・カーンダ
karma-kāṇḍa　祭事部　174
カルマ・マールガ
karma-mārga　行為の道　121
カルマ・ミーマーンサー
Karma-Mīmāṃsā
祭事ミーマーンサー　174
カルマン　karman　79
カンサ王　Kaṃsa　135-136
カンダ　khaṇḍa　188
カンダ（スカンダ）
khanda ; skandha　93
カンナーダ語　Kaṇāda　26
かんのんぼさつ　観音菩薩
Avalokiteśvara, Avalokitavrata　147
カンボジア　Cambodia　89, 129, 140
かんやくだいぞうきょう
漢訳大蔵経　89
ガーンダーリー　Gāndhārī　117
ガウタマ　Gautama　足目仙　169
ガズニー王朝　Ghaznī　30
ガニカー　gaṇikā　遊女　105
ガネーシャ　Gaṇeśa　171
ガンダーラ地方　Gandhāra　100, 140

Uddaka-Rāmaputta 87
ウパナヤナ upanayana 入門式 108
ウパニシャッド upaniṣad 奥義書 30, 52, 55, 58, 181, 193, 199
ウプネカット Oupnek'hat 66
ウルーカ Ulūka 162
ウルドゥー語 Urdu 201
ヴァーチュ vāc ことば 48
ヴァーツヤーヤナ Vātsyāyana 169
ヴァーツヤーヤナ：『カーマ・スートラ』 Vātsyāyana : *Kāma-sūtra* 104
ヴァーマナ Vāmana 侏儒 132
ヴァーユ Vāyu 風神 47
ヴァーラーナシー Vārāṇasī 87
ヴァールミーキ Vālmīki 125
ヴァイシェーシカ Vaiśeṣika 72, 154, 162
『ヴァイシェーシカ・スートラ』 *Vaiśeṣika-sūtra* 162
ヴァイシャーリー Vaiśālī 77
ヴァイシャ vaiśya 庶民階級 21
ヴァジ族 Vajji 138
ヴァスコ・ダ・ガマ Vasco da Gama 30
ヴァスバンドゥ Vasubandhu 世親 150
ヴァッラバの清浄不二一元論 Vallabha : śuddhādvaita 198
ヴァナプラスタ vanaprastha 林棲者 109
ヴァラーハ Varāha 野猪 131
ヴァルダマーナ Vardhamāna 77
ヴァルナ Varuṇa 48
ヴァルナ varṇa 四姓 21-23, 106
ヴィヴァルタ・ヴァーダ vivarta-vāda 化現・仮現説 156, 197
ヴィヴェーカーナンダ Vivekānanda (1863-1902) 203
ヴィシェーシャ viśeṣa 特殊・区別 162
ヴィシュヴァカルマン Viśvakarman 造一切者 53
ヴィシュヌ Viṣṇu 毘紐天 120, 123, 126, 130-134, 136, 185, 201
ヴィシュヌ教 Vaiṣṇava 20
ヴィジュニャプティ・マートラター vijñaptimātratā 唯識性 150
ヴィナヤ・ピタカ vinaya-piṭaka 律蔵 88
ヴィビーダカ vibhīdaka 40
ヴィヤーサ仙 Vyāsa 114, 117
ヴィンナーナ viññāṇa ; vijñāna 識 94
ヴェーダ veda 43, 45, 58, 130, 154, 170, 176
ヴェーダーンタ学派 Vedānta ; Vedāntin 53, 154, 175, 193
ヴェーダ・サンヒター *Veda-saṃhita* ヴェーダ本集 55, 174
ヴェーダナー vedanā 受 93
ヴェトナム Vietnam 140
ヴリトラ Vṛtra 48
えじょうろん『廻諍論』 *Vigraha-vyāvartanī* 172
エポケー epochē 75
エマーソン，ラルフ・ウォルドー Ralph Waldo Emerson

アビウダヤ　abhyudaya　昇天　176
アビダンマ・ピタカ
abhidhamma-piṭaka　論蔵　89
アフガニスタン　Afghanistan　42
アプールヴァ　apūrva　新得力　177
アポローニオス
Apollonius of Tyana　29
あみだきょう　『阿弥陀経』　145
あみだぶつ　Amitābha　阿弥陀仏　147
アムリタ　amṛta　132
アラー　Allāh　202
あらかん　arhat　阿羅漢　143
アランカーラ　alaṃkāra　修辞学　105
アルジュナ　Arjuna　114-116, 119-121, 136
アルタ　artha　実利　102
『アルタ・シャーストラ』
Artha-śāstra　実利論　102
アル・ビールーニー（973-1048）
al-Bīrūnī（Alberuni）　30
アレクサンドロス王　Alexandros　100
アン　√an-　呼吸する　59
アンタ　anta　193
イーシュヴァラ　Īśvara　自在神　182, 187
イーシュヴァラクリシュナ：『サーンキヤ頌』
Īśvarakṛṣṇa : *Sāṃkhya-kārikā*　157
いぎょうどう　易行道　147
イギリス　English, British　202
イスラーム　'islām　19, 78, 198
イダー　iḍā　188
いちぶつじょう　一仏乗　143
いっさいかいく　一切皆苦　89
イラン語　Iranian　43
イラン国境　Iranian border　35
インダス　Indus　18
インダス文明　Indus Civilization　19, 34-42
いんちゅううかろん　因中有果論
sat-kārya-vāda　155-156
インド　India　17-28, 200, 202-207
インド・アーリアン　Indo-Āryan　42
インド・イラン語　Indo-Iranian　26
インド細密画　Indian miniature　136
インド・ヨーロッパ語（印欧語）
Indo-European　26, 41, 45
インドラ　Indra　雷霆神　47-48, 54, 128, 130
いんのさんぞう　因の三相　173
いんみょう　因明　hetu-vidyā　173
ウィルキンス　Ch. Wilkins　31
ウシャス　Uṣas　暁紅神　47
ウシュニーシャ・カマラ
Uṣṇīṣa-kamala　188
ウッターナ・サマエー
utthāna-samaye
三昧から立ち帰った時点　191
ウッタラ・ミーマーンサー
Uttara-Mīmāṃsā
後ミーマーンサー　175
ウッダーラカ・アールニ仙
Uddālaka-Āruṇi　62
ウッダカ・ラーマプッタ仙

原語対照索引

ア行

アーカーシャ　ākāśa　虚空　79
アーガマ　āgama　阿含　88
アーサナ　āsana　坐法　183
アーシュラマ　āśrama　四住期　108, 180, 205
アージーヴィカ教　Ājīvika　73, 101, 154
アートマン　ātman　我　59-66, 163-164, 194-196
アーナンダ　ānanda　喜悦　187
アーラーラ・カーラーマ仙　Āḷāra-Kālāma　87, 181
アーラニヤカ　āraṇyaka　森林書　55
アーラヤ識　ālaya-vijñāna　阿頼耶識　根本蔵識　150
アーランバ・ヴァーダ　ārambha-vāda　積集・集合説　72, 156, 162, 177
アーリア人　Āryan　19, 24, 26, 41-44
アーリヤ・サマージ　Ārya-samāj　203
アーンヴィークシー　ānvīkṣī　探求　168
アヴァターラ　avatāra　化身　131, 134
アヴァドゥーティー　avadhūtī　188
アヴァロン，アーサー　Arthur Avalon alias Sir John Woodroffe (1865-1936)　188
アヴィディヤー　avidyā　無知　197
アヴェスター　Avestā　43
アクバル　Akbar　198-199
アグニ　Agni　火天　47, 51, 54, 130
アサンガ　Asaṅga　無著　150
アシュヴァゴーシャ　Aśvaghoṣa　馬鳴　27
アシュヴァメーダ　aśvamedha　馬祀祭　117, 126
アショーカ王　Aśoka　73, 100-102, 138
アジタ・ケーサカムバリン　Ajita-Kesakambalin　74
アジャータサットゥ王　Ajātasattu : Ajātaśatru　70
アスティ・カーヤ　asti-kāya　実在体　79
アスラ　asura　阿修羅　132
アタルヴァ・ヴェーダ　*Atharva-veda*　45
アダルマ　adharma　静止の条件　79
アドヴァイタ　Advaita　不二一元論　196
アドリシュタ　adṛṣṭa　不可見力　166
アハム・ブラフマースミ　ahaṃ brahmâsmi　「我は梵である。」　64
アハンカーラ　ahaṃkāra　自我意識　158
アヒンサー　ahiṃsā　非暴力　82-83

本書は一九九三年三月二十日、放送大学教育振興会より刊行された。

バガヴァッド・ギーターの世界　上村勝彦

宗派を超えて愛誦されてきたヒンドゥー教の最高経典が、仏教や日本の宗教文化、日本人の思考に与えた影響を明らかにする。（前川輝光）

邪教・立川流　真鍋俊照

女犯の教義と髑髏本尊の秘法のゆえに、徹底的に弾圧、邪教法門とされた真言立川流の原像を復元し、異貌のエソテリズムを考察する。貴重図版多数。

増補 チベット密教　ツルティム・ケサン　正木晃

インド仏教に連なる歴史、正統派・諸派の教義、個性的な指導者、性的ヨーガを含む修行法。真実の姿を正確に分かり易く解説。（上田紀行）

密教　正木晃

謎めいたイメージが先行し、正しく捉えづらい密教。その歴史・思想から、修行や秘儀、チベットの性的ヨーガまでを、明快かつ端的に解説する。

増補 性と呪殺の密教　正木晃

性行為を用いた修行や呪いの術など、チベット密教に色濃く存在する闇の領域。知られざるその秘密に分け入り、宗教と性・暴力の関係を抉り出す。

正法眼蔵随聞記　水野弥穂子訳

日本仏教の最高峰・道元の人と思想を理解するうえで最良の入門書。厳密で詳細な注、わかりやすく正確な訳を付した決定版。（増谷文雄）

空海　宮坂宥勝

現代社会における思想・文化のさまざまな分野から注目をあつめている空海の雄大な密教体系！　空海密教研究の第一人者による最良の入門書。

一休・正三・白隠　水上勉

乱世に風狂一代を貫いた一休。武士道を加味した禅をとなえた鈴木正三。諸国を行脚し教化につくした白隠。伝説の禅僧の本格評伝。（柳田聖山）

治癒神イエスの誕生　山形孝夫

「病気」に負わされた「罪」のメタファから人々を解放すべく闘ったイエス。古代世界から連なる治癒神の系譜をもとに、イエスの実像に迫る。

ちくま学芸文庫

インドの思想《しそう》

二〇一九年一月十日 第一刷発行

著 者 川崎信定（かわさき・しんじょう）

発行者 喜入冬子

発行所 株式会社 筑摩書房
東京都台東区蔵前二—五—三 〒一一一—八七五五
電話番号 〇三—五六八七—二六〇一（代表）

装幀者 安野光雅

印刷所 星野精版印刷株式会社

製本所 株式会社積信堂

ISBN978-4-480-09872-6 C0110